TRAVELKID Reisebericht

Namibia

Elefantenspuren

Mit meiner Tochter auf Abenteuerreise durch Namibia

Patrice Kragten-Hackel

Impressum

Bibliografische Information der Deutschen Bibliothek

Die Deutsche Bibliothek verzeichnet diese Publikation in der Deutschen Nationalbibliografie; detaillierte bibliografische Daten sind im Internet über http://dnb.ddb.de abrufbar.

1. Auflage Juni 2009

Text, Fotos, Umschlaggestaltung und Layout:
Patrice Kragten-Hackel

Herstellung und Verlag:
Books on Demand GmbH, Norderstedt

ISBN 978-3-8370-5034-9
www.travelkid.at | info@travelkid.at

Das Papier wurde aus chlorfrei gebleichtem Zellstoff hergestellt.

Inhaltsverzeichnis

Vorwort

Elefantenspuren

Mit meiner Tochter auf Abenteuerreise durch Namibia

Wenn ich jemanden nach den Highlights einer Namibiareise frage, werden einstimmig die Sanddünen der Sossus Vlei, das Himba Volk im Kaokoveld und die Wildtiere des Etosha Nationalparks genannt. In diesem **TRAVELKID** Reisebericht erzähle ich von meinen Erfahrungen während der 3-wöchigen Rundreise durch Namibia, welche ich gemeinsam mit meiner 6-jährigen Tochter Romy im April 2009 unternommen habe. Mit einem 4x4 Nissan, ausgestattet mit einem Dachzelt in dem wir meistens übernachtet haben, legten wir 3.760 Kilometer zurück. Wir besuchten die roten Sanddünen, wo unsere Fußabdrücke so groß wie Elefantenspuren geworden sind. Wir lernten vom Himba Volk, für die Elefanten zum Alltag gehören, dass sie keine Ahnung haben was ein Hai ist. Und natürlich fahnden wir im Etosha Nationalpark nach Spuren der Elefanten.

Mein Reisebericht soll einerseits Informationen bieten für diejenigen, die demnächst mit Kindern eine Namibia Reise unternehmen werden. Anderseits sollten meine Erfahrungen dazu dienen, dass Familien mit Kindern sich trauen, eine Fernreise, in diesem Fall nach Namibia, zu unternehmen.

Patrice Kragten-Hackel

TRAVELKID Kritzelei

„Ausgesendete GPRS Signale“

In Indonesien (2008) habe ich mit meiner Tochter Romy (Geboren 2002) vereinbart, dass sie die nächste Reise aussuchen darf. Bewaffnet mit Reiseprospekten hat sie einige Tage am Boden des Wohnzimmers verbracht, bis sie gewusst hat, wo die nächste Reise hingeht: NAMIBIA! Die faszinierende Tierwelt der Elefanten, Nashörner, Löwen und Antilopen hat sie bezaubert. Und das Auto mit dem Dachzelt MUSS es sein, Biiiiiiiitteee!

Ich war weltweit schon viel unterwegs, mit Gruppen, geschäftlich oder mit meiner Familie, aber eigentlich nie alleine. In Indonesien waren Romy und ich auch nicht alleine unterwegs, wir hatten einen praktischen Chauffeur und einen hilfsbereiten Reiseleiter dabei. Mit Romy bin ich natürlich nicht wirklich alleine, aber wenn es darauf ankam, habe ich gewusst, dass ich doch noch einen „vernünftigen“ Erwachsenen an meiner Seite habe.

Deswegen war ich bei dieser Selbst-Fahrer-Tour durch Namibia zuerst doch etwas skeptisch. Eine Freundin, die gerade von einer individuellen Reise aus Namibia zurück ist, hat mich davon überzeugt, dass das Auto mit dem Dachzelt ein sicheres und für Romy lustiges Abenteuer sein wird. Daraufhin habe ich mich mit DVD, Reiseführer, Karte, Google Earth und Internet bewaffnet und bin die gesamte Route abgefahren – mit der heutigen Technik ist das alles möglich und stellt sich die Frage, ob eine Reise noch notwendig ist. Aber Goethe hat mal gesagt: „die beste Bildung findet ein gescheiter Mensch auf Reisen“. Na also!

Bei der Buchung wird dann ernsthaft gefragt ob ich das Auto nicht lieber mit GPRS buchen will. Da fallt mir spontan das Sprichwort der Beduinen ein: „In der Wüste kann man sich nur einmal verirren...“ Super! Das Auto wird also immer VOLL getankt sein, der Kühlschrank mit Essen und die Kanister mit Wasser gefüllt sein. Das Auto werde ich niemals verlassen, ich möchte ja kein Beduine werden, und irgendwann wird wohl jemand vorbei kommen, oder?

Aber GPRS, brauche ich das wirklich?

Darauf hat der Freund meiner Freundin die intelligente Antwort parat: „Liest eine Frau im Auto die Karte, entdeckst du mehr vom Land als mit einem Navigationssystem“. Mit dieser Weisheit in der Tasche buche ich unser Auto ohne GPRS und Romy wird die Karte lesen – ja, wir reisen nicht, um anzukommen, sondern um zu reisen!!

Die Kritzeleien werden exklusiv für TRAVELKID - Fernreisen für abenteuerliche Eltern mit neugierigen Kindern - geschrieben. Die fröhlichen Kritzeleien sind mal heiter und ausgelassen, mal kritisch oder skeptisch, aber eigentlich immer lustig. In ihrem nächsten Buch ***„Weltkunde"*** *(Fertigstellung Winter 2010) wird Patrice Kragten-Hackel ihre besten Anekdoten - als reisender Kunde unterwegs in einer reizenden Welt – bündeln und veröffentlichen.*

NAMIBIA

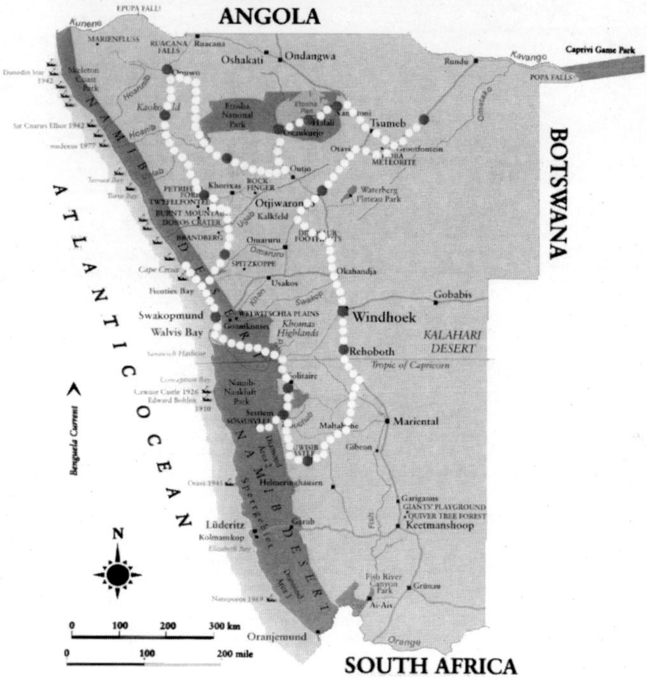

• = Route

• = Übernachtung

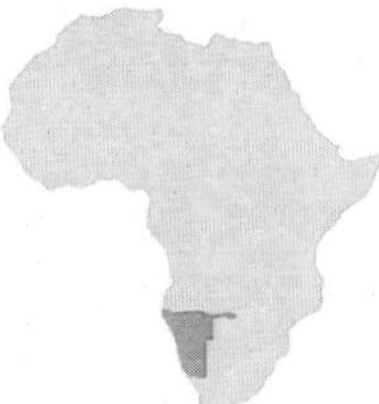

Namibia, wir kommen!!

Nach 4 Monaten Vorbereitungszeit ist es heute, Freitag den 10. April 2009, endlich so weit! Wir fliegen spät am Abend nach Namibia. Romy, meine 6-jährige Tochter, verbringt den ganzen Tag bei ihren Freundinnen Sophia und Leah, damit ich Zeit für praktische Sachen wie Staubsaugen, E-Mails beantworten und Einpacken habe. Nach dem Mittagessen habe ich genug davon und fahre zu Romy, wo ich mit meiner Freundin Alexandra – und Mutter von Sophia und Leah - die Frühlingssonne draußen auf der Terrasse mit einem Kaffee genieße. Die ersten Frühlingssonnenstrahlen tanken mich voll mit Urlaubsgefühlen und mit neuer Energie fahre ich mit Romy am späten Nachmittag nach Hause. Dort angekommen, ziehen wir uns um und verabschieden uns von Wolfgang, alias Mann und Papa. Ganz gemütlich steuere ich Hallbergmoos, kurz außerhalb vom Münchener Flughafengelände, an, wo wir das Auto, wie immer, bei der Familie Krätschmer parken. Mit dem Shuttlebus werden wir zum Terminal 2 gebracht, wo wir für den Flug von South African Airways über Johannisburg nach Windhuk einchecken. Durch einen Computerfehler können wir von Jo´Burg, wie die Johannisburger ihre Stadt liebevoll nennen, nach Windhuk nicht neben einander sitzen, aber das werden wir im Flieger wohl ändern können.

Wir sind etwas früher nach München gefahren. Der Grund ist, dass die Maschine erst um 22.00 Uhr startet, das Abendessen dann um zirka 23.00 Uhr serviert wird, aber Romy das mit höchster Wahrscheinlichkeit nicht schaffen wird - sie wird dann sicherlich schon schlafen. Deswegen planen wir das Abendessen am Flughafen ein. Wir haben da leider ein falsches Restaurant ausgewählt; dass man ein Schnitzel so „vernichten“ kann, es schmeckt grausig! Um 21.15 Uhr dürfen wir an Bord und machen es uns gleich bequem. Romy richtet sich ihr Mini-Bett und bezieht dieses auch direkt nach Take Off. Wir sind noch nicht mal auf 10.000 Fuß und sie schläft schon.

Pünktlich, als wir 8000 Kilometer weiter auf 30.000 Fuß über die Namibische Grenze fliegen, wachen wir beide, fast wie vereinbart, auf. Wir haben 8 Stunden geschlafen und bis zur Landung sind nur noch 2 Stunden übrig. Kinderfreundliches – und somit auch Mamafreundliches - Reisen nennt man das! Das Frühstück ist wieder ein typisches Flugzeug-Frühstück, mit Eierspeis natürlich. Welche Fluglinie serviert bitte mal was anderes???

Um 08.00 Uhr lokaler Zeit - wir haben jetzt noch keinen Zeitunterschied mit Österreich - landen wir 40 Minuten früher als geplant. Super, die geplanten 50 Minuten connecting time werden 1,5 Stunden und jetzt können wir etwas relaxter zum Anschlussflug wandern. Wir bummeln durch einen Shop mit typischen afrikanischen Souvenirs und riechen zum ersten Mal die besondere Atmosphäre, die Afrika hat. Ich bin echt ein Fan von Afrika; die Tiere, die Menschen, die Farben, die

Naturprodukte, die überall verarbeitet werden, irgendwie ein liebevolles „big fat Mama" Flair. Namibia – Afrikas Paradies oder Land der Gegensätze, so wie Namibia oft genannt wird – hat eine faszinierende Mischung aus unberührter Natur, reizender Tierwelt und ist das zu Hause vieler Menschen zahlreicher farbenfroher Kulturen. Wir werden die nächsten drei Wochen diese Faszination kennen lernen und mit höchster Wahrscheinlichkeit von der Schönheit des Landes beeinflusst werden.

Mit dem warmen Afrikagefühl im Herzen, steigen wir in das Flugzeug nach Windhuk, das beim Gate ziemlich lange stehen bleibt. Es vergeht eine Weile, bis der Kapitän endlich durchsagt, dass die Maschine „overloaded" ist. Mit 20 Minuten Verspätung heben wir ab, dank eines netten Herrn sitze ich natürlich neben Romy, um 2 Stunden später in Windhuk unsere Füße auf den, dieses Mal Namibischen, Boden zu stellen. Beim Zoll wählen wir natürlich die falsche – lies: langsamste - Schlange, inzwischen stelle ich meine Uhr um 1 Stunde zurück. Willkommen in Namibia!

Als wir endlich im luggage claim Bereich ankommen, sagt gerade jemand durch, dass in der Maschine aus Jo´Burg kein Gepäck mehr ist, alle Koffer sind schon ausgeladen. Wir schauen schnell auf dem Band und ... leider, keiner von unseren Koffern ist dabei! Ich sehe noch zirka 70 Personen ohne Gepäck stehen. Das Flugzeug war sicherlich nicht „overloaded", die haben einfach einige Gepäck-Container stehen lassen! „Schnell

Romy, rennen! Ab zum Lost Luggage Counter, damit wir die Ersten sind". Na gut, Dritter waren wir, aber immer hin. Formulare ausfüllen und weg. Viele Personen hinter uns haben geschimpft, geschrien, aber das hilft alles nichts. In 2 Stunden kommt die nächste Maschine aus Jo´Burg und da wird das Gepäck wohl dabei sein und zum Hotel nachgeliefert werden.

In der Ankunftshalle wartet einer Chauffeur mit einem Schild „Kragten-Hackel" in der Hand, worauf leider noch ein zweiter Name steht. Na gut, das kann dauern - die Rennerei wäre also nicht nötig gewesen. Wir nutzen die Gelegenheit und wechseln Euro 300 um in Namibia Dollars = N$ 3400 und ich brauche dringend einen Kaffee! Das Flughafengebäude ist ziemlich modern ausgestattet und schaut sehr sauber aus. Und das Allerwichtigste: der Kaffee schmeckt herrlich! Nach 10 Minuten Wartezeit sind wir doch relativ schnell komplett und fahren gemeinsam zum Leihwagen-Terminal in Windhuk. Die Steppe prägt den größten Teil Namibias, rund um Windhuk akzentuiert die Hochlandebene, Namibias Herzstück. Die Ähren der Grashalme tanzen im Wind, ab und zu taucht aus dem Nichts ein Berg auf, wie Ayers Rock in Australien, Paviane spielen im trockenen Flussbett. Ja, so wie schon gesagt, liebe ich Afrika und auch Namibia füllt sich wie eine warme Decke um mich herum an.

Beim Terminal, wo wir unser Auto mit Dachzelt abholen, treffen wir Marco – Travelkid Partner in Namibia. Er zeigt noch mal die Tour, zusammengefasst in einen blauen Ordner. Ich habe bei einigen Passagen noch Fragen, zum Beispiel ob manche D-Wege im Norden befahrbar sind, welche Marco fachmännisch und bestätigend beantwortet. Dann übernehmen wir unser Auto, was übrigens nur mit einem internationalen Führerschein und einer „gefüllten“ Kreditkarte möglich ist, und bekommen eine ausführliche Erklärung dazu. Wassertank, Benzintank für 140 Liter, Ersatzteile, zwei Reservereifen, aber auch Decken, Besteck, Gaskocher, Licht, Tisch, Stühle, Töpfe etc. etc. Alles ist dabei. Und die Sachen, die am Anfang oft vergessen werden, wie Streichhölzer, Handbesen und Geschirrspülmittel bekommen wir in einer praktischen Wanne von Marco geschenkt.

Okay, los geht's, jetzt das Fahren an der linken Straßenseite hinkriegen. Romy darf vorne sitzen, natürlich in einem Kindersitz, den wir vorher reserviert haben. Marco erklärt, wo sich der nächste große Supermarkt befindet. Obwohl wir noch immer kein Gepäck haben, werden wir trotzdem alle Vorbereitungen für den morgigen Reisebegin erledigen. Wir fahren beim Tor raus, dann links, wieder links und dann … ein Kreisverkehr, oder besser gesagt, eine Feuertaufe! Natürlich verpassen wir die richtige Ausfahrt, aber immer noch besser als gleich nach 5 Minuten als Geisterfahrer betitelt zu werden!

Im Supermarkt gibt es alles, was wir brauchen: Brot, Käse, Wurst, Obst, Wasser, Cornflakes, etc. Die Auswahl kannst du sicherlich mit einem kleinen Billa vergleichen. Ich glaube, dass wir für zwei Tage genügend zum Essen mithaben und zahle N$ 600, also Euro 47. Obwohl wir die nächsten vier Nächte zelten, gehe ich davon aus, dass wir unterwegs noch was einkaufen können und beim einen oder anderen Restaurant was essen werden. Pension Steiner, die erste Übernachtungsadresse, erreichen wir ohne Schwierigkeiten. Ich kümmere mich gleich um das Auto und richte es ein, fülle den Wassertank und verpacke das Essen in einer staubfesten Box. Ohne Strom läuft der Kühlschrank natürlich nicht, aber die Kühlwaren stopfe ich trotzdem hinein. Durch die kurze Fahrstrecke ist der Kühlschrank bereits ein wenig gekühlt. Jetzt brauche ich eigentlich nur noch unser Gepäck. Die Dame von der Pension Steiner ruft mehrmals beim Lost Luggage Counter an, aber da hebt niemand ab. Samstagnachmittag und Osterwochenende...... hoffentlich geht das gut.

Es ist inzwischen 17.30 Uhr geworden. Windhuk ist doch relativ groß, aber auf der Straße sieht man wenig Verkehr und noch weniger Menschen. Namibia ist zweieinhalb Mal so groß wie Deutschland, hat aber nur zwei Millionen Einwohner. Gemütlich wandern wir in die Stadt hinein. Wir suchen das Zoo Park Restaurant und gelangen rein zufällig zu den Meteoriten. Wolfgang hat Romy über Meteoriten erzählt, zwei Nächte hat sie vor lauter Angst nicht geschlafen und jetzt steht sie Auge in Auge mit ... Steinen. Nein Romy, es sind wirklich Meteoriten. Das Angstproblem hat sich somit ganz „einfach" - 10.000 Kilometer von Zuhause! - erledigt.

Wir finden das Zoo Park Restaurant und bestellen eine Pizza. Obwohl immer wieder gewarnt wird, die Stadt am Abend nicht zu Fuß zu erkunden, wandern wir nach dem Essen zurück zum Hotel, es sind nur zwei Blocks und es schaut alles andere außer gefährlich aus. Die Sonne ist gerade unter gegangen und sofort fällt uns der typisch afrikanische Sternenhimmel auf. Romy sagt, dass sie eine Sternschnuppe gesehen hat, gut, dann dürfen wir uns was wünschen! Dass wir uns wünschen, dass das Gepäck schon im Hotel ist, ist wohl klar! Wir wandern drei Schritte weiter und die Dame aus der Pension Steiner begegnet uns mit dem Auto: „Frau Hackel, Ihr Gepäck ist gerade angekommen!" Na da ist unser Wunsch wohl ziemlich schnell gehört worden!

Lake Oanob

Wahrend dem Frühstück gerate ich in ein Gespräch mit unserem Nachbartisch, wo ebenso ein blauer Ordner am Tisch liegt. Marco hat für diese zwei Menschen auch die Reise organisiert. Wir sind etwas langsamer unterwegs und fahren nicht ganz soweit in den Süden hinein, aber irgendwo im Norden werden die zwei Holländer uns einholen und treffen wir einander wieder.

Wenn man eine Reise mit Kindern plant, ist es wichtig dies auch kinderfreundlich zu gestalten, aber was ist bitte kinderfreundlich? Travelkid empfiehlt die Reisedistanzen auf maximal 1000 Kilometer pro Woche zu begrenzen, die Unterkünfte den Bedürfnissen der Kinder entsprechend zu wählen, die Sehenswürdig-keiten auf ein bis zwei pro Tag zu begrenzen und das Wichtigste: genügend Freizeit – lies: Spielzeit - einzubauen um den Kindern die Möglichkeit zu geben, die Eindrücke des Tages zu verarbeiten.

Das Lake Oanob Resort ist unser Ziel für den heutigen Tag, die Reise hat begonnen! Das Wetter ist herrlich, warm aber nicht heiß, ich schätze so 25 - 28 Grad, prima Urlaubswetter. Das Fahren an der linken Seite geht erstaunlicherweise quasi von selbst und wir sind gleich schon auf der Autobahn B1 nach Rehoboth, Richtung Süden unterwegs. Heute fahren wir nur 100 Kilometer, somit ist am Nachmittag genügend Zeit um das Zelt auszuprobieren und uns für die nächsten drei Wochen an ein Tramperleben zu gewöhnen. Die Landschaft zeigt sich wieder voller Grashalme, die fröhlich mit dem Rhythmus des Winds mittanzen. Die sonstige Vegetation begrenzt sich auf bodennahe Büsche und Sträucher. Unterwegs halten wir bei einem Picknickplatz für eine kurze Pause an. Entlang der gut befahrbaren Teerstraße findest du zahlreiche Rastplätze zum picknicken, meistens ausgestattet mit Tisch und Bänken unter dem Schatten eines Baumes.

Die Wegweiser entlang der Straße sind gut erkennbar und alle Kreuzungen deutlich beschrieben. Nach 1,5 Stunden erreichen wir die Ausfahrt zum Lake Oanob und gelangen zum Eingang des Parks. Viele Namibier und Süd-Afrikaner haben Osterurlaub und Lake Oanob ist bei den Einheimischen ein beliebtes Erholungsziel. Vor dem Eintrittshäuschen stehen wir Schlange – während wir warten, schauen wir uns die Umgebung an und sehen auf einmal rechts etwas im Gebüsch stehen.... Giraffen!!! Tatsächlich sehen wir vier Giraffen direkt hinter dem Eingang. Romy staunt wortlos auf die Tiere, während ich den Eintritt (N$ 15,00 = Euro 1,17) bezahle. Nicht nur Giraffen halten sich hier auf, wir sehen auch Zebras und Springböcke. Bis zur Campsite halten wir mehrmals an. Während ich die Tiere ausgiebig fotografiere, hakt Romy die ersten Wildtiere in ihrem Tierbuch ab. Was wir jetzt noch nicht wissen, ist, dass wir während der Namibiareise noch 10.000-de Zebras und 100.000-de Springböcke sehen werden!

Wir bekommen einen Stellplatz am See zugewiesen. Es sind großzügige Stellplätze mit einer Grillgelegenheit, Wasser- und Stromanschluss und am Wasserrand ein Picknicktisch. Die zahlreichen Bäume sorgen für genügend Schatten. Romy will natürlich gleich das Dachzelt ausprobieren, also machen wir den Reißverschluss auf und klappen das Zelt aus. In weniger als 2 Minuten steht das Zelt, ich würde sagen sehr einfach, fast fraufreundlich. Romy spielt mit ihrem Playmobil oben im Dachzelt und fühlt sich dort sichtlich wohl. Es wird für die nächsten drei Wochen ein sicheres und geschütztes zu Hause für sie werden, weg von Fliegen, Wespen, Mücken, Spinnen und Käfern!

Lake Oanob Resort hat einen privaten Naturpark dabei, was die Anwesenheit der Giraffen und anderen Tiere beim Eingang erklärt. Nach dem Mittagessen packen wir das Zelt für unseren ersten Gamedrive wieder zusammen, das dauert etwas länger, der Reißverschluss klemmt und ich brauche starke Männer dazu. Es wird nicht das letzte Mal sein, dass ich bei dem Reißverschluss Hilfe brauche, oder dass irgendetwas an der Ausrüstung kaputt geht.

Wir fahren mit dem Auto über den Schotterweg und folgen den Schildern mit der Aufschrift „Self-Drive-Safari“. Der Schotterweg ist in einem schlechten Zustand, aber für mich ein prima Übungsgelände um die Umstände und das Auto kennen zu lernen. In der Nähe des Einganges finden wir die Zebras, Springböcke und Giraffen wieder und werden von zwei Straußen und sogar einiger Kuhantilopen (Hartebeest) begleitet. Die Büsche stehen ziemlich dicht und mit den vielen Blättern daran, sind die Tiere gar nicht so gut zu sehen und zu fotografieren. Ich habe eine neue Fotokamera und kann jetzt endlich ausprobieren, ob das Objektiv die Tiere genügend einzoomen kann und wie sich das auf die verschiedenen Programme auswirkt. Die Bäume, Blätter und Grashalme muss ich halt mit Photoshop wegzaubern!

Zurück am Campingplatz stellen wir das Zelt wieder auf, der Reißverschluss klemmt wieder, aber ich brauche echt nur 2 Minuten, dann steht das Ding! Wir relaxen am Nachmittag auf der Campsite, Romy spielt oben im Dachzelt und ich studiere am Wasserrand die Reiseroute für Morgen. Das Lake Oanob Resort wurde 1991 nach dem Prinzip gegründet, die Landschaft zu erhalten und nicht zu perfektionieren. Alles ist auf Wohlbefinden ausgerichtet und wir fühlen uns hier wirklich wohl. Die Anwesenheit des Sees sorgt für genügend Entspannung - Aktivitäten wie Kanu oder Boot fahren können betrieben werden. Wir beginnen den Urlaub etwas ruhiger und verweilen gemütlich am Stellplatz.

Am späten Nachmittag sollte ich mich langsam mit dem Abendessen befassen. Direkt neben der Rezeption wird in einem kleinen Geschäft Holz verkauft. Wir kaufen einen Plastik Sack mit Holz um N$ 15 = Euro 1,17. Mit Kohlen kenne ich mich aus, aber kochen auf Holz ist was Neues. Zuerst sammle ich kleine Zweige, Romy findet trockene Grashalme und Blätter. Es gelingt uns sogar ein richtiges Feuer zu entzünden und als das Holz glüht, lege ich die Würsteln auf das Grillgitter. Es geht aber so schnell, dass ich gerade noch rechtzeitig die Würsteln vom Feuer holen kann, sonst wären sie verbrannt. Inzwischen sind die Nudeln und Erbsen auch warm und wir können das Essen, mit Aussicht auf den See, am Picknicktisch genießen

Für einen Kaffee brauche ich wieder den Gaskocher, aber es schaut so aus, als ob die Kartusche jetzt schon leer ist, weil fast kein Gas mehr ausströmt. Kein Kaffee nach dem Essen ist natürlich kein Urlaub, deswegen wandern wir für den Nachtisch zum gemütlichen Restaurant, natürlich wieder mit Aussicht auf den See. Romy bestellt ein Wasser-Eis und ich bekomme meinen heiß ersehnten Kaffee.

Der Weg zum Restaurant ist ein Schleichweg gewesen, aber zurück zum Zelt möchte ich lieber einen anderen Weg nehmen. Die Dämmerung dauert in Afrika nur eine halbe Stunde, dann ist es dunkel, und es stimmt, es ist inzwischen putzfinster geworden! Wie es in der Nacht mit Skorpionen, Schlangen und anderem Ungeziefer ausschaut, weiß ich noch nicht und nehme lieber den Hauptweg zurück zum Zelt, aber der schaut jetzt anders aus als bei Tageslicht. Nachdem wir 3-mal falsch gelaufen sind, finden wir unser Zelt wieder, richten uns für die Nacht ein und zum ersten Mal schlafen wir „draußen" unter dem wunderschönen afrikanischen Sternenhimmel ein.

Traumschloss

Um 5.30 Uhr werden wir geweckt. Nein, nicht von zwitschernden Vögeln, krähenden Hähnen oder von der Wärme der ersten Sonnenstrahlen. Nein: eine Jugendgruppe hat die Musik sehr laut aufgedreht! Als ich nicht mehr einschlafen kann, wünsche ich den Leuten boshaft heute drei Reifenplatzer und dass sie nur zwei Reserve-Reifen dabei haben! Aber ich bliebe nicht lange böse, es ist Ostermontag und ich möchte Romy mit einem Osterfrühstück im Restaurant verwöhnen. Ich habe zwei kleine Geschenke gekauft, natürlich eine große Überraschung für sie! Die warmen Brötchen, das gekochte Ei, der Obstsalat, die Cornflakes und der frische Orangensaft, das Frühstück schmeckt wunderbar. Das Resort organisiert nach dem Frühstück für die Kinder Ostereiersuchen und hat im Gelände rundum das Restaurant Schokoladeriegel und -eier versteckt. Mit der aufgehenden Sonne und der zunehmenden Tageserwärmung war das nicht wirklich eine gute Idee; zahlreiche Eier sind schon geschmolzen! Nachdem Romy zehn Riegel und vier Eier gefunden hat, kehren wir zum Auto zurück. Sie darf natürlich gleich einige Süßigkeiten essen, den Rest legen wir in den Kühlschrank.

Es ist erst halb 9 als wir wegfahren, aber die heutige Fahrt wird ziemlich lange dauern. Es sind ungefähr 300 Kilometer, aber großteils auf Schotterwegen und da können wir nicht so schnell fahren. Wir folgen der

Asphaltstraße B1 weiter südlich bis Kalkrand. Hier biegen wir in die C21 ein – unsere erste Schotterstraße! Ich lasse gleich Luft aus den Reifen – von 2,5 auf 1,8 Bar – und schalte den 4-wheel Drive auf 4H. Es gibt zwei Theorien über das Befahren der Schotterwegen: 1,8 Bar, damit die Reifen eine größere Oberfläche haben und du mehr „Fuß" am Boden hast. Die andere Theorie ist 2,5 Bar; Steine prallen durch die Härte der Reifen ab und gelangen nicht in die Reifenrillen, was oft einen Platten verursacht. Ich habe mich für die erste Variante, also mehr Bodenkontakt, entschieden und stelle mich „positiv" auf nur 2 platte Reifen ein.

Überraschenderweise sind die Schotterwege sehr gut befahrbar und in den zahlreichen Flussbetten, die zu überqueren sind, befindet sich kein Wasser mehr. Die Aussicht ist grandios - verblüffend sind die Straßen, wo man nur gerade aus fahren kann. Ich bemerke, dass unsere Fotoshoots doch sehr viel Zeit kosten. Es ist schon halb 2 als wir Maltahöhe erreichen, ein kleines übersichtliches Dorf, und gleich an der linken Straßenseite finden wir eine Bäckerei. Wir halten an, weil frische Brötchen natürlich immer gut sind. Weiters kaufen wir noch Fleisch, Mayonnaise, Apfelsaft, Grapetizer und ein Fleischbrötchen. Direkt außerhalb von Maltahöhe halten wir an und packen die Stühle aus, sowie Geschirr und Besteck. Hier wird zum ersten Mal deutlich, dass das Picknicken mit Romy gar nicht so einfach sein wird. Sie schreit bei jeder Fliege, reagiert fast panisch auf die herum krabbelnden Tiere und fürchtet sich am meisten vor den Wespen. Das ruhige Sitzen bei der Jause ist also gelaufen! Du kannst Kinder 1000-mal erzählen, dass Fliegen nichts tun, aber sie glauben es natürlich nicht!

Nach knappen 15 Minuten packen wir alles wieder ein und fahren weiter. Kurz hinter Maltahöhe beginnt die Strecke landschaftlich schön zu werden. Wir verlassen hier das zentrale Hochland und fahren am Schwarzrand entlang. Durch Erosionen in den letzten paar Millionen Jahren ist hier eine sehr markante Landschaft mit vielen Tafelbergen entstanden, die bis etwa 200 Meter aus der umliegenden Fläche heraus ragen. Unübersehbar sind die Webervögel, die Bäume mit ihren Nestern überziehen und diese häufig richtiggehend ersticken. Wir bleiben noch etwa 17 Kilometer auf der C14, biegen dann nach rechts ab in die D824 zum Schloss Duwisib. Ab hier ist der Weg zum Schloss prima ausgeschildert.

Auf der Straße liegt eine Schlange - überfahren und tot. Wenn ich die Landschaft betrachte, denke ich mir, dass hier sicherlich zahlreiche Schlangen wohnen werden. In dieser Jahreszeit kommen sie sich in den letzten Sonnenstrahlen aufwärmen und die Möglichkeit von einer Schlange gebissen zu werden, ist größer. Ich habe im letzten Moment doch noch eine Vakuumpumpe gekauft und mitgenommen. Diese habe ich im Handgepäck und immer griffbereit. Ich schleppe meine Erste Hilfe täglich gerne mit, in der Hoffnung, sie nie zu benötigen!!!

Das Schloss aus roten Sandsteinen wurde 1979 vom Staat aufgekauft und später nach alten Vorlagen komplett renoviert. Es ist heute ein staatliches Museum. Wir verzichten auf eine Führung, suchen stattdessen einen Stellplatz für die Nacht aus. Wir parken das Auto unter einem Baum mit viel Schatten – bis auf ein Ehepaar ist der Campingplatz leer. Romy öffnet die Türe des Autos und da kommt gleich eine Biene laut brummend auf sie zu. Die Biene ist aber riesig, sicher 8 Zentimeter in der Länge und hat den Umfang einer ordentlichen Bratwurst. Romy schreit panisch und springt wieder in das Auto hinein, die Biene hinter ihr her und fliegt jetzt im Auto herum. Schnell ziehe ich Romy zu mir herüber und wir flüchten aus dem Auto. Pfff, da habe ich auch Angst bekommen, was für ein Gerät! Wieso sind die Tiere in Afrika immer „BIG"?

Wir bauen das Zelt auf und Romy kuschelt sich in das sichere Dachzelt. Immer wieder fliegen enorme, bis vier Zentimeter große Wespen herum, bis ich bemerke, dass der schattige Baum, unter den wir uns gestellt haben, voller Wespennester ist. Wir siedeln sofort um! Inzwischen ist es schon 17.00 Uhr geworden und ich fange mit dem Abendessen an. Es ist um halb 7 dunkel und ich will, dass wir dann für die Nacht fertig sind. Langsam traut Romy sich wieder aus dem Zelt heraus, weil ich Placebo, lies: eine Kerze mit Zitronenduft und eine Moskito-Spirale, angezündet habe. Jetzt wo es langsam dunkel wird, sind es wirklich nur noch Fliegen, die bei der Gaslampe herum fliegen, aber Romy kämpft noch mit ihrer Bienen-Angst. Wir genießen trotzdem die Suppe und auch die Makkaroni schmecken sehr gut.

Bevor ich schlafen gehe, rufe ich Wolfgang kurz an. Er macht sich große Sorge um uns, aber ich kann ihn beruhigen, uns geht es gut, sehr gut sogar!

Rote Sanddünen

In der Nacht wache ich auf, es ist draußen ziemlich kalt geworden. Gleichzeitig bin ich aber zu müde, die Seitenteile der Fenster zu schließen. Ich decke Romy noch mal gut zu und schlafe dann wieder weiter.

Direkt nach dem Sonnenaufgang ist es bedeutend wärmer. Wir frühstücken gemütlich und fahren Punkt 8 Uhr auf der D826 nach Betta, ein Gebiet wo viele Schafe und Kühe gehalten werden. Wir biegen in die C27 Richtung Norden, jetzt fahren wir am Rande der Namib Wüste entlang und sehen auch schon bald die typischen roten Sanddünen der Sossus Vlei an der linken Seite. Unterwegs begegnen uns die ersten „echten“ wilden Springböcke und Strauße, die wir natürlich ausgiebig fotografieren und bewundern. Nach ca. 150 Kilometer haben wir Sesriem erreicht. Es ist erst halb 11 und aus dem Nichts erscheint eine Tankstelle. Erstaunlicherweise brauche ich für insgesamt 550 Kilometer nur 30 Liter Benzin und bezahle N$ 210 = € 16. Das wird sich mit dem Fahren auf Schotterwegen im 4x4 aber rasch ändern! Die Tankstelle ist gleichzeitig ein Supermarkt und Imbiss, wo frisch belegte Brötchen verkauft werden. Auf der gemütlichen Terrasse genießen wir das Mittagessen und einen sehr guten empfehlenswerten Cappuccino mit frischem Apfelstrudel.

Die Sesriem Campsite befindet sich an der anderen Straßenseite. Wir checken ein und kaufen gleich ein N$ 90 = € 7 Permit für die Sossus Vlei. Bevor wir uns auf der Campsite niederlassen, besuchen wir zuerst den Sesriem Canyon. Der Canyon ist etwa 1 Kilometer lang und bis zu 30 Meter tief, aber durch seine Enge sehr beeindruckend. Wir wandern in den Canyon hinunter. Der afrikanische Name des Canyons se(ch)sriem(en) beruht auf der Geschichte, dass man einst sechs aneinander geknüpfte Ochsenriemen benötigte, um einen Wassereimer zu den Tümpeln hinabzusenken. Zum ersten Mal seit vielen Jahren führt der Canyon wieder Wasser und wir können nicht durch den Canyon wandern. Stattdessen spielt Romy am Wasserrand mit dem Sand und kühlt sie ihre Füße im kristallklaren Wasser.

Am Campingplatz möchten wir das Zelt wieder aufstellen. Auch jetzt brauche ich Hilfe, ich glaube, dass der Reißverschluss nun endgültig kaputt ist. Romy springt gleich wieder nach oben ins Dachzelt und macht es sich bequem. Ich sitze draußen und lese etwas. Obwohl wir mit dem Zelt im Schatten stehen, ist es ziemlich warm und nach 2 Stunden ziehen wir das Badezeug an - Zeit für eine Erfrischung! Das Wasser im Schwimmbad ist leider sehr kalt und die kühle Brise, die weht, macht das Wasser auch nicht wärmer. Mutig springen wir hinein, sind aber nach 15 Minuten leicht durchgefroren und wandern schnell zum Zelt zurück. Wir ziehen uns warm an und besuchen einen kleinen Laden im Hauptgebäude. Hier kaufen wir 20 Ansichtskarten, Haribo Gummibärchen (!) und laden im Restaurant gleich einige Batterien auf. Romy hat eine V-Tech Kidizoom Fotokamera mit MP3-Player und hört den ganzen Tag Geschichten von Bibi Blocksberg oder Musik von K3 (einer belgischen Mädchengruppe). Da leisten die Batterien ganz schöne Arbeit!

Für den Besuch der Sossus Vlei müssen wir morgen sehr früh aufstehen, weil die Temperaturen am späten Vormittag sonst zu hoch werden. Als Campsitebesucher dürfen wir eine Stunde früher in den Park hinein, für die Tagesgäste öffnet das Tor erst bei Sonnenaufgang. Ich finde es gemütlicher, das Auto jetzt so weit wie möglich fertig einzupacken und statt selber kochen, das Abendessen im Restaurant zu genießen: eine Bratwurst und ein Hotdog! Erstaunlich wie sich das deutsche Imperium hier im Süden festgenagelt hat. Namibia wurde als eines der letzten Länder Afrikas durch Europäer kolonisiert, wobei maßgeblich die Deutschen daran beteiligt waren. Von 1884 bis 1914 war Namibia so genanntes "Deutsches Schutzgebiet" und hieß "Deutsch-Südwestafrika".

Um 7 Uhr liegen wir im Bett und Romy schläft sehr schnell ein. Sie braucht im Urlaub immer mehr Schlaf als zu Hause, wahrscheinlich um alle Eindrücke zu verarbeiten. Auch ich schließe meine Augen schon um 8 Uhr, aber in der Nacht wache ich mehrmals auf. Wenn ich so früh aufstehen muss, habe ich immer Angst, den Wecker nicht zu hören und schlafe sehr unruhig. Das war natürlich wieder nicht notwendig, ich wache genau um 4.42 Uhr auf und der Wecker sollte um 4.45 Uhr läuten. Ich packe die letzten Sachen ein und wecke Romy. Sie zieht sich an, kuschelt sich auf der Rucksitzbank, wo sie noch etwas weiter schlummert. Beim Zusammenklappen des Dachzeltes ist wieder der Reißverschluss das Problem. Nachdem um 5 Uhr die gesamte Campsite Richtung Vlei unterwegs ist, habe ich kein Problem so früh jemanden zu finden, der hilft. Heute in den Sanddünen möchte ich den Reißverschluss nicht offen lassen. Den feinen Sand findest du am Abend überall und ich möchte nicht in einem Sandbett schlafen!!!

Wir fahren um 5.30 Uhr los, zu spät für den Sonnenaufgang auf der berühmten Düne 45, aber mit den vielen Wolken am Himmel verpassen wir nicht wirklich was. Nach 35 Kilometern stoßen wir auf drei Schakale, die neben dem Auto miteinander spielen und sich von uns nicht stören lassen. Romy macht in ihrem Buch bei den Schakalen einen Haken und genießt den Anblick. Sie weißt jetzt noch nicht, dass sie auch diese Tiere noch öfters sehen wird.

Die Sossus Vlei ist eine von mächtigen Sanddünen umschlossene Lehmsenke. Die Dünen erreichen teilweise Höhen von 300 Metern und gehören damit zu den höchsten der Welt. Sehr selten, nach heftigen Regenfällen, füllt sich die Lehmsenke mit Wasser. Durch die kaum wasserdurchlässigen Lehmschichten bleibt der türkisblaue See dann noch eine Weile bestehen.

Die bekannteste Düne ist also Düne 45, die nach genau 45 Kilometern ab dem Eingang an der linken Seite auftaucht. Aber auch ohne Kilometerzähler im Auto, weißt du genau wo sich diese Düne befindet - das verraten spätestens die zahlreichen Autos am Parkplatz. Die „touristische" Düne, eher nicht zum fotografieren geeignet, weil dort so viele Menschen unterwegs sind, nutzen wir für eine Fahrt mit dem Rutschteller. Romy wollte die Rutschteller unbedingt nach Namibia mitnehmen und was ist jetzt lustiger, als damit die Düne hinunter zu pfeifen? Wir klettern die Düne hinauf und Romy macht ihren ersten Versuch, bleibt aber ziemlich rasch stecken und gräbt sich im Sand ein. Okay, vielleicht etwas höher und etwas steiler. Beim zweiten Versuch geht es schon ein wenig besser. Jetzt noch mal zum Kamm hochklettern und dann am Kamm entlang, ganz nach oben! Das ist einfacher gesagt, als getan. Zwei Schritte nach oben bedeuten auch einen Schritt hinunter. Es ist nicht einfach, im feinen Sand den Berg von der Seite zu erklimmen. Romys kleine Fußabdrücke verändern sich im pulverigen Sand zu riesigen Elefantenspuren. Wir haben aber riesen Spaß bei der Aktion und letztendlich schaffen wir es zum Gipfel, suchen das steilste Stück der Düne und sausen dann so richtig hinunter. Eigentlich geht es ganz gut, einfach sausen lassen und ja nicht bremsen!

Als wir genug haben, entleeren wir unsere Schuhe vom Dünensand. Der feine Sand befindet sich nicht nur in den Schuhen, sondern ist in jede Pore eingedrungen! Wir fahren weiter und das bekannte Farbspiel der Dünen, womit Namibia wirbt, wird mit dem Sonnenaufgang immer deutlicher. An einer Seite des Dünenkamms schaut der Sand schwarz aus, an der Sonnenseite färbt sich der Sand wunderschön rot. In unserem Reiseführer steht, dass die Dead Vlei einen Besuch wert ist, aber vor der Fahrt dorthin fürchte ich mich ein wenig. Man darf die letzten vier Kilometer nur mit einem 4x4 Auto zurücklegen. Ich habe natürlich keine Ahnung, was der Nissan im Sand kann, wie leicht ich im Sand stecken bleibe und wie ich da wieder heraus komme. Beim Parkplatz angekommen sehe ich, dass viele Autos und Führer auf dem Sandweg unterwegs sind und der Weg sehr gut ersichtlich ist. Da wird jemand uns wohl ausgraben, wenn es sein sollte. Ich schalte von 2H auf 4L und fahre los. Der Sand ist ziemlich locker und stellenweise sehr tief. Ich versuche Tempo zu halten, ja nicht stecken bleiben. Anhalten um die wunderschöne Farben der Dünen zu fotografieren traue ich mich jetzt nicht! Nach 3 Kilometern erreichen wir das Schild Dead Vlei. Puuhhh, geschafft! Eigentlich war es nicht so schwierig, ich habe mich eigentlich umsonst gefürchtet.

Wir steigen aus dem Auto aus. Es ist noch nicht mal 8 Uhr, die Temperatur ist angenehm kühl und wir wandern mit genügend Wasser, Essen und einer warmen Jacke im Rucksack los. Wir sollten den Markierungen folgen, die jedoch kaum zu finden sind. Dann einfach den Fußspuren der Touristen nach, die sind viel deutlicher zu erkennen. Immer wieder rennen kleine Kopfstandkäfer uns vor die Füße. Ihr runder Panzer glänzt in der Sonne lila bis türkis. Diese witzigen Käfer sind jedoch so schnell, dass es mir nicht gelingt die Tiere zu fotografieren. Im warmen roten Dünensand wachsen außer Grassorten auch einige Pflanzen, eine Sorte trägt sogar kleine gelbe Blumen. Nach einer knappen Stunde klettern wir eine Düne hinauf und oben angekommen, stehen wir am Rande der Dead Vlei.

Die Dead Vlei ist eine, der Sossus Vlei benachbarte, Ton- und Salzpfanne die versandet ist und keinerlei Wasser mehr erreicht. Die benachbarte Sossus Vlei wird in Zukunft sehr wahrscheinlich ein ähnliches Schicksal ereilen. Bizarr sind die abgestorbenen fast 500 Jahre alten Bäume die in der Dead Vlei aufgrund der Trockenheit nur sehr langsam verwittern. Die Pfanne ist sehr schön zu fotografieren und schnell stehen 100 Fotos auf der Kamera. Es wird im Laufe des Vormittages bereits ziemlich warm und nach einer Stunde Aufenthalt wandern wir zum Auto zurück.

Mit einem kleinen Frühstück im Magen fahren wir wieder zurück nach Sesriem. Jetzt traue ich mich auf dem Rückweg durch den Sand sogar anzuhalten und die Dünen zu fotografieren. Eine Herde Springböcke begegnet uns und auch hier halte ich an um die Tiere zu fotografieren und kann wieder mühelos wegfahren. Wieder auf der Asphaltstraße sehen wir noch eine Herde Oryxe, mit dem phantastischen Dünenpanorama im Hintergrund. Die wunderschönen Farbenspiele der Dünen gibt es jetzt nicht mehr, dafür steht die Sonne inzwischen zu hoch, trotzdem beeindruckt die Umgebung uns beide.

In Sesriem halten wir wieder bei der Tankstelle an. Ich brauche dringend noch mal so einen guten Cappuccino und Romy möchte ein Eis, sie kann es hier ohne Bedenken essen! Bis zur Weltevrede Campsite sind es noch 60 Kilometer. Marco hat uns empfohlen nicht in Sesriem zu bleiben. Es ist besser heute etwas weiter Richtung Solitaire zu fahren, damit die morgige Strecke nicht zu lange wird. Unterwegs sehen wir neben der Straße zwei Strauße vorbei wandern und stoßen auf eine Herde Springböcke. Wir fahren am östlich gelegenen Naukluft Gebirge entlang. Besonders zur Regenzeit soll es hier malerisch schön sein, aber auch jetzt nach der Regenzeit bewundern wir die eindrucksvolle Berglandschaft.

Wir erreichen Campsite Weltevrede, wo sich nur 2 Stellplätze befinden, jeder mit einer eigenen privaten Waschgelegenheit dabei. Es gefällt uns hier! Ich baue das Zelt wieder auf und Romy springt gleich mit ihrem Playmobil hinauf in „ihr Zimmer“. Ich räume erst mal auf und muss mich dann zwingen mich mal hinzusetzen. Es ist für mich nicht einfach mal nichts zu tun, aber ich schaffe es für eine Stunde! Dann will ich duschen und den Dünensand aus allen Poren und Ritzen heraus waschen. Für warmes Wasser, muss ich erst ein Feuer entzünden. Das freut mich jetzt überhaupt nicht, ich stelle mich einfach so unter die Dusche - Hauptsache Sand weg!

Wir haben direkt beim Eingang unseres Stellplatzes, welcher von einer kleinen runden Steinmauer umgeben ist, zwei kleine Höhlen gefunden und fragen uns, welches Tier hier wohl wohnt. In der Abenddämmerung kommt dann ein Erdhörnchen heraus und wir beobachten es eine Weile. Wir können uns bis auf 1 Meter nähern und somit Close-up fotografieren. Und Romy macht wieder einen Haken in ihrem Büchlein!

Romy möchte heute Abend grillen, aber wenn ich das Hühnerfleisch auspacke, traue ich mich nicht das Fleisch noch zu essen. Es liegt bereits zwei Tage im Kühlschrank, der ab und zu ein, aber meistens ausgeschaltet war - und das in der Hitze der Sossus Vlei! Sicherheitshalber werfe ich lieber alles weg und stattdessen essen wir eine Suppe, trockene Nudeln und Chips als Dessert. Geht doch! Und Romy freut sich über soviel „Gesundes“! Es war heute ein sehr langer und vor allem eindrucksvoller Tag. Wir klettern schon um halb 7 in unser gemütliches Dachzelt hinein, Romy schläft gleich ein, ich schaffe es noch bis 8 Uhr, aber auch dann fallen mir die Augen zu. Gute Nacht!

Riesige Sandkiste

Wir haben herrlich geschlafen und überraschenderweise ist es heute beim Aufwachen zum ersten Mal warm im Zelt. Wir stehen auf, frühstücken ziemlich einfach und fahren bereits um 7.30 Uhr weg. Ich plage mich nicht länger mit dem Reißverschluss und lasse das Dachzelt an der Hinterseite einfach offen. Die Strecke heute ist ziemlich lange und nicht gerade interessant, da möchte ich so schnell wie möglich durch. Die Landschaft ist am Anfang noch sehr grün mit vielen Hügeln, die auf Grund von Erosionen aussehen, als ob sie Bänder rundherum hätten. Die Straße ist leer, da begegnet uns nur jede Stunde ein anderes Auto, meistens auch mit Dachzelt, also Touristen. Das Dorf Solitaire haben wir irgendwie verpasst. Bin ich zu schnell unterwegs? Ich habe auf jeden Fall nichts gesehen, was irgendwie wie ein Dorf, eine Tankstelle oder Café ausschaut. Und ich hatte mich so auf einen Kaffee mit Apfelstrudel beim Herrn van der Lee gefreut.

Es geht flott voran und wir nähern uns dem Gaub Pass. Bei einem Pass denke ich immer an einen steilen Bergweg, der hinauf führt. Hier geht es jedoch hinunter, in die Schlucht hinein, wo wir ein fast trockenes Flussbett überqueren. Auf der anderen Seite des Passes hat sich die Landschaft total geändert. Wir werden von Hügeln umgeben, die irgendwie in der Erde versinken und wo wir oben drüber fahren. Ein komisches Gelände! Das

Tempo reduziert sich automatisch, wir fahren durch die Hügellandschaft wie auf einer Art Wellenbahn und haben riesen Spaß. Romy fordert immer „schneller!", damit wir über die Hügel „fliegen" - und es dann so lustig im Bauch kribbelt!

Der Kuiseb Pass, 10 Kilometer weiter, ist wieder eine Straße, die in eine Schlucht hinunter führt, wo wir erst nach 2 Kilometern wieder heraus kommen. Erstaunlicherweise ändert sich die Landschaft nach dem Pass wieder, dieses Mal sind wir in den Ausläufern der Dünen angelangt und außer einigen Grashalmen sehen wir …….. nichts! Rechts, links, geradeaus: nichts! Wir spielen „ich sehe etwas was du nicht siehst" und kriegen uns vor Lachen nicht mehr ein - die Tränen rollen uns über die Wangen. Und der Weg geht jetzt gerade aus, sicherlich 100 Kilometer lang gerade aus. Na Patrice, nicht übertreiben, 2 schwache Linkskurven von 5 Grad waren schon drinnen. Ich bin in meinem Leben noch nie so lange gerade aus gefahren. Unvorstellbar! Umso mehr wir uns Walvis Bay nähern, wird auch die Wüste, um die wir mehr oder weniger einen Bogen gemacht haben, wieder sichtbar. Die Grashalme verschwinden, zuerst sehen wir noch dunklen Sand, später färbt sich der Sand rot und formt sich zur Düne. Wir haben das Gefühl in einer riesigen Sandkiste zu fahren. Witzigerweise laufen hier auf einmal zwei Menschen entlang der Straße – wo gehören die hin, wo gehen die hin? Da ist ja nichts!

Nach 150 Kilometer taucht Walvis Bay aus dem Nichts auf. Rechts und links außer Sand noch immer nichts, vorne die moderne Stadt. Walvis Bay zählt heute rund 50.000 Einwohner und macht einen relativ geschäftigen Eindruck. Die meisten Menschen sind im modernen Hafen-Terminal und in der florierenden Fischerei beschäftigt. Darüber hinaus wird in Walvis Bay Meersalz produziert. Auf den 3500 Hektar großen Salzfeldern werden jährlich 400.000 Tonnen hochwertiges Salz gewonnen.

Wir biegen nach Walvis Bay ein und suchen erst eine Tankstelle auf. In den Tank gehen 84 Liter hinein und ich bezahle N$ 542,00. Romy hat heute Glück, bei einem Kentucky Fried Chicken bestellen wir Hühner Nuggets mit Pommes und mit einem Eis in der Hand fahren wir danach die Esplanade, eine Promenade am Strand, entlang. Walvis Bay ist für seine zigtausend Vögel bekannt und wir machen uns auf die Suche nach Pelikanen und Flamingos. Bei einem Parkplatz halten wir an und in der Ferne sehen wir schon die rosa Vögel in der Brandung stehen. Um zur Flutlinie zu gelangen, müssen wir durch Schlick und Schlamm wandern. Die sauberen Füße und Schuhe sind jetzt komplett schwarz geworden. In der Nacht hat sich der Wassertank am Auto auf mysteriöse Weise entleert - mal schauen wie ich unsere Schuhe und Füße ohne Wasser wieder sauber kriege! Eine Truppe von 40 Flamingos ernährt sich von kleinen Fischen und Krebsen. Ich versuche die Flamingos zu fotografieren, aber Romy hat mehr Spaß daran die Tiere zu verjagen. Danke Schatzi!

Mit schmutzigen Schuhen steigen wir ins Auto. Der Weg nach Swakopmund ist wieder eine Asphaltstraße. Uns begegnen verschiedene Autos, mit Angeln vorne am Auto befestigt, die wie Hörner eines Oryx ausschauen. Können die Fischer die Angeln nicht einfach zusammen schieben? Was auch auffällt, sind die wunderschönen Häuschen. Ich habe in dieser Stadt ein schwarzes Getto Viertel erwartet, aber die gesamte weiße und schwarze Bevölkerung wohnt in kleinen farbenfrohen Häuschen.

Das Gästehaus Sea Breeze befindet sich im Norden der Stadt und wir finden es auf Anhieb. Die Beschreibungen vom Marco, sowie alle anderen Reiseunterlagen, sind bestens aufbereitet. Das Gästehaus ist echt in Ordnung und wir genießen den Luxus, wieder mal in einer Pension zu wohnen. Wir stecken gleich alle Ladegeräte an, Romy spielt im Zimmer mit ihrem Playmobil und ich habe endlich Zeit meinen Reisebericht im Computer zu schreiben und mit dem Fotobuch anzufangen.

Um halb 6 springen wir schnell unter die warme Dusche und fahren mit dem Auto in die Innenstadt. Die Wirtin hat einen Tisch in der Kupferpfanne reserviert. Das Auto parken wir in der Straße neben dem Restaurant. Hier sind Security Guides angestellt, die auf die Autos aufpassen. Man bekommt von einem gekennzeichneten Guide einen Zettel an die Windschutzscheibe und zahlt bei der Rückkehr dem Guide einen kleinen Betrag. Ein prima Service und das Auto steht sicher geparkt! Die Kupferpfanne ist neben einem Restaurant auch ein kleines Museum. Das Ambiente ist wirklich nett und gemütlich, die Kellnerinnen sehr freundlich. Romy bestellt Schnitzel und ich nehme Spargel mit Lachs. Haute Cuisine nach 4 Tagen Buschcampfutter!

Die Little Five der Wüste

Swakopmund ist bekannt als „Deutschlands südlichstes Ostseebad", als Städtchen mit vielen architektonischen Spuren der Kolonialzeit, als Intermezzo, um auf der Reise durch den „Busch" mal wieder kultiviert shoppen zu gehen oder als „Abenteuer-Zentrum" für Gäste, die in verschiedenen Adventure Aktivitäten den Thrill suchen. Wir haben uns für ein Abenteuer der leiseren Töne entschieden. Weil Swakopmund so viel zu bieten hat und man Dünen ja schon reichlich in der Sossus Vlei gesehen hat, machen sich nur wenige auf, die Dünen um Swakopmund herum zu erkunden - „Normalsterbliche" entdecken dort kaum etwas außer viel, viel Sand und ein paar karge Büschlein. Das Internet verspricht jedoch, dass ein Tag in der Wüste zu einem unvergesslichen Höhepunkt werden kann, wenn man mit Tommy Collard unterwegs ist. Er ist waschechter Namibier, spricht ausgezeichnet Afrikanisch, Englisch und Deutsch und ist wahrscheinlich schon mit einer Schaufel voll Sand in den Händen auf die Welt gekommen.

Romy fragt schon seit fünf Tagen, wann wir endlich die Tour in der Wüste mit Tommy machen - heute ist es so weit. Um Punkt 8 werden wir von Tommy für seine Living Desert Tour bei der Pension abgeholt. Unterwegs sammeln wir noch sieben weitere Personen auf und fahren in die Wüste hinein. Da wartet ein zweites Auto. Zuerst mal Luft aus den Reifen lassen - von 3,5 Bar wird der Druck auf 0,8 Bar gesenkt! Das dauert vier kanadischen Touristen viel zu lange. Sie beschweren sich bei Tommy und wandern nach Swakopmund zurück. Pfff Urlaubsstress, oder was? Wir bleiben und warten gespannt auf das, was kommt….

Und schon geht es vielversprechend bei der ersten Düne los: Tommy springt aus dem Auto, flitzt wie eine Eidechse eine Düne hinauf und gräbt. Eine Minute später kommt er tatsächlich mit einem Tier in der Hand und einem Lächeln auf dem Gesicht zum Auto zurück. Er hat einen nachtaktiven bunten Palmatgecko erwischt.

Wir halten öfters an, um nach Spuren auf den Dünen zu suchen, und festzustellen, welche Tiere in der Nacht zuvor an dieser Stelle gewesen sind und Tommy fängt immer wieder eine neue Tierart. Jedes Tierchen wird nach einer ausführlichen Erklärung mit aller Vorsicht in sein Gebiet zurückgesetzt. Er erkennt die Spur einer Schlange in Dünen, in denen ich nichts als gleichmäßig verteilten Sand sehe. Tommy weiß auch, welche Schlange er bedenkenlos über seine in der Wüste immer nackten Füße – „Ein Buschmann und Schuhe passen nicht gut zusammen“ – huschen lassen kann und wie man ein Chamäleon zum Rennen bringt. Er kann erklären, warum dieses Chamäleon dort auf welcher Körperseite welche Farbe annimmt.

Humorvoll und kompetent geht es weiter mit Käfer-Müsli, erzählt er wie Chamäleons Wasser trinken und lässt er die Dünen brummen. Romy hat eine Lupendose

(Marke: Felix), wo Tommy die Fundstücke immer wieder hinein gibt. Er ist so von dieser „Technologie" begeistert, dass wir ihm versprechen zwei Dosen nach Swakopmund zu schicken. Mehrere giftige Namib-Seitwinder Nattern, pinkfarbene Chamäleons, Kopfstandkäfer, schwarze Skorpione, eine Spatenmauleidechse: Tommy findet all diese kleinen Tiere, die Little Five der Wüste. Es wird mir ewig ein Rätsel bleiben, wie er das macht, aber hier gilt wohl einmal mehr der Satz: Gelernt ist gelernt. Bei jedem Schritt spürt man seine Begeisterung für den Platz, den er uns zeigt: Die lebendige Wüste.

Aber auch die negative Seite des Tourismus bringt Tommy uns näher. Durch die Quad Bikes werden Teile der Wüste zerstört, manche Pflanzen erholen sich, nachdem sie überfahren worden sind, erst nach 30 Jahren! Eine besondere Vogelart brütet in diesem Teil der Dünen und baut ihre Nester am Boden. Die zahlreichen Reifenspuren am Boden verraten, dass das nicht wirklich gescheit ist. Durch Tommys Engagement ziert inzwischen ein Zaun dieses Gebiet, um den Nachwuchs der Vögel vor den Quad Bikes zu schützen. Deswegen fährt er bei jeder Tour die gleiche Strecke, um somit die Dünen zu schützen.

Normalerweise endet die Tour um 13 Uhr. Die Gruppe, Romy, ich und auch Tommy sind heute so begeistert bei der Sache, dass wir erst um 15 Uhr bei der Pension abgeliefert werden. Wenn die Kanadier das gewusst hätten....

Nach einer Dusche fahren wir wieder in die Stadt hinein. Wir möchten die Wanderpromenade besuchen und vielleicht einige Geschenke in den zahlreichen Souvenirshops kaufen. Viele Geschäfte schließen leider schon um 17 Uhr aber das eine oder andere bleibt etwas länger geöffnet und wir kaufen einige Souvenirs für zu Hause. In den Souvenirshops werden zum Beispiel hölzerne Wildtiere verkauft, sowie Schmuck, Tischdekorationen, Bilderrahmen, Plüschtiere, Geschirr, alles aus Naturprodukten wie Lehm, Holz oder Muscheln gemacht. Nach dem Shopping essen wir noch mal bei der Kupferpfanne, weil es uns dort gestern so gut gefallen hat.

100.000 Pelzrobben

Es ist erst 7 Uhr, als wir uns am Frühstückstisch hinsetzen. Cornflakes, Obstsalat, gekochtes Ei, wir genießen das ausgiebige Frühstück. Eine Stunde später fahren wir zum großen Spar, wir brauchen für die nächsten 4 Tage Proviant. Ein Schweinefleischspieß, Würstel, frisches Brot, Äpfel, Wasser, Salat und Kohlen. Voll bepackt fahren wir mit den guten leckeren Sachen im Kühlschrank über die Salzstraße C 34 nach Cape Cross. Eine Salzstraße kannst du am Besten mit einer Asphaltstraße vergleichen. Heute ist es ziemlich nebelig, durch die kalte Meeresströmung nichts Ungewöhnliches für diese Region, aber so in der Früh scheint mir die Salzstraße doch immer wieder etwas rutschig zu sein. Also Gas zurück und Vorsicht.

In Cape Cross, 117 Kilometer nördlich von Swakopmund, besuchen wir die Pelzrobbenkolonie. Wir ziehen warme Socken, einen Pullover und eine Jacke an und erst dann trauen wir uns aus dem warmen Auto heraus. Wir sind oft vor dem penetranten Gestank der Robben gewarnt worden, aber es weht an der Küste so stark, dass wir davon nichts merken. Hinter einem Wandersteg, der die Robben von den Besuchern – oder umgekehrt?? - fern halten soll, liegen die Robben dicht gedrängt. Je nach Jahreszeit sollen sich hier zwischen 100.000 und 150.000 Tiere aufhalten. Die weiblichen Tiere sind etwa 75 Kg schwer, die Männchen zu Beginn der Paarungszeit bis zu

360 Kg (sonst etwa 190 Kg). Die Hauptnahrungsquelle der Robben sind kleine Fische wie Sardinen oder Tintenfische. Damit die Population nicht überhand nimmt, werden jährlich zwischen 5000 und 10.000 Tiere geschlachtet. Die Felle gehen in die Pelzindustrie und der Rest wird zu Fleisch- und Knochenmehl verarbeitet.

Nach unserem Besuch bei den Robben fahren wir die Salzstraße C34 bis Henties Bay zurück. Der Nebel hält an und wir sehen entlang der Straße mehrmals Schakale. Es ist bekannt, dass diese Tiere gerne mal eine junge Robbe auf dem Teller haben möchten. Die C35 nach Uis ist wieder ein Schotterweg und sehr gut befahrbar. Ungefähr 1 Kilometer landeinwärts schaut der Himmel schon blau aus und sobald wir aus dem Nebel heraus kommen, machen wir eine kurze Pause um uns in der Sonne aufzuwärmen. Ich freue mich schon auf die frischen Semmeln mit Kaffee, aber sobald wir die Sessel ausgeklappt haben, kommen zwei Wespen um Romy zu ärgern. Das war es dann wieder mit der gemütlichen Pause. Romy flüchtet ins Auto und ich räume alles wieder zusammen. Wir fahren mit dem Brot in der Hand und ohne Kaffee, weil der Gaskocher wieder mal versagt, weiter nach Uis.

Wir sehen öfters Bauarbeiter, die den Weg reparieren und glatt planieren. Mein Tempo liegt auf dieser neuen „Autobahn" sicherlich etwas zu hoch. Vorteil ist, dass wir schnell nach Uis vorankommen. Entlang der Straße werde ich von zahlreichen Mineralien-Verkäufern gemahnt anzuhalten, aber ich finde Mineralien nicht interessant - ich winke freundlich und fahre Bleifuß weiter! In Uis wird das Auto mit 30 Liter wieder vollgetankt. Ab jetzt wird es immer schwieriger an Treibstoff zu kommen und ich nutze jede Gelegenheit um das Auto voll zu tanken.

Am Campingplatz „The White Lady" angekommen, dürfen wir uns einen Stellplatz aussuchen. Die kleine Campsite ist quadratisch eingerichtet, alle Stellplätze befinden sich an der Außenseite, das Schwimmbad in der Mitte. Wir sind wieder die einzigen Gäste, 1 Stunde später reist noch ein deutsches Ehepaar an. Irgendwie fühle ich mich besser, wenn ich nicht ganz alleine auf einer Campsite stehe. Wir haben zum ersten Mal Strom am Campingplatz. Romy hat es sich schon wieder oben im Dachzelt gemütlich gemacht - ich packe den Computer aus und fange an Ordnung in die inzwischen 1200 Fotos zu bringen. Unscharfe Fotos werden gelöscht und die schönsten Fotos für das Fotobuch selektiert. Ich mache noch ein Backup von den inzwischen 1500 Fotos und lösche dann meine volle Speicherkarte von der Kamera.

Als Romy 2 Stunden später für unsere Grillparty herunter kommt, sieht sie einen Käfer bei der Leiter krabbeln. Der ist sicherlich 10 Zentimeter hoch und fast 15 Zentimeter lang, so ein Gerät habe auch ich noch nie gesehen. Das mit Afrika, Tieren und BIG habe ich schon mal erwähnt, oder?

Für die Suppe benötigen wir warmes Wasser, aber der Gaskocher funktioniert noch immer nicht. Echt alles an Equipment im Auto ist kaputt. Manchmal glaube ich, dass ich eine Survivaltour statt Campingtour gebucht habe. Wir fragen unseren „Nachbarn" um Hilfe und packen das Werkzeug aus. Nach einer halben Stunde herum basteln, funktioniert der Kocher wieder. Das Loch war verstopft, ehhhh Sand vielleicht??

Wir machen jetzt Feuer mit den Kohlen – das geht viel besser als mit dem Holz. Als Vorspeise eine Suppe, das Hauptgericht besteht aus Brot mit Kräuterbutter, einem frischen, knackigen Salat und herrlich gegrilltem Schweinefleisch. Es schmeckt hervorragend!

Romy ist müde und geht früh schlafen. Ich schreibe das Tagebuch auf dem Computer fertig und wechsele um 22 Uhr den Stecker vom Computer für den vom Kühlschrank. Es wäre doch schade, wenn das gute und frische Essen gleich morgen schon zum Wegwerfen wäre….

Felsgravuren & versteinerter Wald

Ich wache um 7 Uhr auf und klappe das Zelt wieder zusammen. Seit einigen Tagen habe ich den Kampf mit dem Reißverschluss aufgegeben und lasse den an der Hinterseite einfach offen. Die Außenseite des Zeltes wird schon ziemlich staubig, aber solange die Zeltfenster geschlossen bleiben, bleibt es im Zelt sauber. Einmal zusammen gepackt, bereite ich das Frühstück vor und bemerke, dass der Kühlschrank ein Gefrierfach geworden ist. Salat, Milch, Wasser, Butter, Mayonnaise, alles ist durch und durch gefroren. Ich habe den Mann der Autoverleihfirma in Windhuk noch gefragt, „da gibt es nur 1 Stufe" sagte er. Typisch Mann!

Um halb 9 steigen wir ins Auto und fahren auf der C34 weiter Richtung Norden. Das Wetter ist wunderschön, ab und zu erscheinen einige Schäfchenwolken am Himmel. Wir lassen den Brandberg wortwörtlich links liegen, in dieser Hitze freut es uns nicht, den langen Fußmarsch zu den „White Lady" Felsgravuren zu unternehmen. Marco hat uns empfohlen hier eine Abkürzung zu nehmen und ich biege in den D2319 ein. Zuerst ist die Straße noch sehr gut befahrbar, sie wird jedoch immer schmäler. Wir sehen zum ersten Mal das Schild „Achtung Elefanten", fotografieren es mit weichen Knien und hoffen natürlich auf ein Wunder. Das Wunder hat sich in der nächsten Kurve zum Albtraum verändert. Nein, keine Elefanten! Der Fluss, den wir überqueren müssen, ist sicherlich 10

Meter breit und das Wasser schaut ziemlich tief aus. Was mache ich da jetzt? Ich steige aus dem Auto um die Situation etwas genauer zu erkunden, im Hinterkopf immer den Gedanken an die herumstreunenden wilden Elefanten. Ich finde eine Spur, wo das Wasser maximal 10 Zentimeter tief ist, muss aber aufpassen, weil es gleich daneben bis zu 40 Zentimeter in die Tiefe geht. Sicherheitshalber schalte ich den Gang runter auf 4L, lege den ersten Gang ein und fahre langsam los. Es geht gut, noch 5 Meter, es geht sehr gut, noch 3 Meter, Pfff, geschafft! Das war jetzt wirklich sehr spannend.

Die Straße wird nach diesem Experiment immer schlechter und ich bereue die Abkürzung, obwohl - es geht nicht so schnell, aber die Strecke ist eigentlich ganz lustig. Genau in diesem Moment stürzen wir in ein Flussbett hinein, wo es danach auch noch zwei extra Sandwellen gibt. Rechtzeitig bremsen schaffe ich jetzt nicht mehr und wir fliegen voll in die Wellen hinein. Alles purzelt im Auto herum, wir heben mit vier Reifen ab, fliegen gefühlsmäßig 1 Minute durch die Luft, landen nach der zweiten Welle hart am Boden, aber der Motor läuft noch und Gott sei Dank können wir weiter fahren. Diese Stelle habe ich durch die blendende Sonne total übersehen, aber glücklicherweise ist nichts mit dem Auto und natürlich auch nicht mit uns passiert. Es wird uns doch nicht passieren, hier in „the middle of nowhere" übernachten zu müssen mit einem defekten Auto und Elefanten in der Nähe….

Wir biegen nach 40 Kilometer wieder auf die C34 ein - eine schnellere Abkürzung war das mit Sicherheit nicht, aber eine abwechslungsreiche. Wir fahren weiter nach Norden bis zur Abzweigung Twijfelfontein. Auch diese Straße ist eine D-Straße, aber wegen den verschiedenen Sehens-würdigkeiten entlang der Straße, ist diese gut erhalten und viel besser befahrbar. Der Bewuchs mit Büschen und Bäumen wird wieder dichter und hier gibt es zahlreiche Farmen, ersichtlich an den Zäunen links und rechts der Straße.

Als erstes fahren wir zu den Orgelpfeifen. Diese stehen in einem trockenen Flussbett, dessen Böschung sie bilden und dem sie vermutlich ihre Freilegung verdanken. Ihren Namen haben diese Säulen, welche aus härtestem Basalt sind, weil sie tatsächlich wie die Pfeifen einer Orgel aneinander stehen. Wenn man still ist, hört man vielleicht das Lied der Wüste.... Die Orgelpfeifen sind heute etwa fünf Meter hoch und, wie vieles in dieser Gegend, auch schon sehr alt. Vor rund 150 Millionen Jahren drang an dieser Stelle flüssige Lava in eine Gesteinsformation aus Schiefer. Die Lava erkaltete und Erosion, nicht zuletzt in Form des kleinen Flüsschens, tat ihr unermüdliches Werk und legte alles wieder frei. Wir schießen 20 Fotos und nach 5 Minuten haben wir genug gesehen.

Die Felsgravuren von Twijfelfontein sind das nächste Ziel. Wir dürfen die Felsgravuren nur in Begleitung eines Führers besuchen und bekommen „eine hochinteressierte Dame“ zugewiesen! Twijfelfontein ist als eine der reichsten Felsgravuren-Fundstätten der Welt bekannt.

Über 2.500 Zeichnungen wurden bislang gefunden. Die hier im Damaraland auch schon früher lebenden Damaras, nannten die Quelle Uri-Ais, was springende Quelle bedeutet. Da die Quelle sich als unzuverlässig erwies, wurde sie umbenannt in "Twyfelfontein" - eben eine zweifelhafte Quelle.

Die Gravuren von Twyfelfontein sind unbekannten Alters, wie die meisten Natursehenswürdigkeiten dieses wahrlich steinalten Landes. Geschätzt werden sie auf 2.500 bis 10.000 Jahre, keiner weiß es genau, und vermutlich ist es auch egal, denn die Zeichnungen entstanden so oder so nicht an einem einzigen Tag, vielleicht nicht mal in einem einzigen Jahrhundert. Fakt ist lediglich, dass diese Stelle schon vor langer, langer Zeit bewohnt war und man schließt im allgemeinen aus den Darstellungen, die überwiegend Tiere, oder deren Spuren zeigen, dass es hier in früheren Jahrhunderten und Jahrtausenden klimatisch um einiges anders gewesen sein musste - dass es grüner, wasserreicher und tierreicher war. Wer diese Bilder schuf, ist ebenso ungewiss. Vermutlich waren es die San, die Buschmänner. Ob es nun wirklich Vorfahren der Buschmänner, Nama oder Damara waren, ist letztlich gerade durch die unterschiedlichen Altersbestimmungen sehr fraglich.

Berühmt sind besonders der von vielen Tieren umgebene, große Löwe mit dem rechtwinkelig abknickenden Schwanz und seinen mächtigen Pranken und der mit vielen geheimnisvollen Arabesken verzierte, tanzende Kudu. Ansonsten sind Jagdszenen zu sehen, Jäger mit Pfeil und Bogen, und viele einzelne Spuren, wie die von einem Kudu und Oryx. Überwiegend sind Antilopen abgebildet, aber auch viele Giraffen und Elefanten - Löwen und Zebras sind zu erkennen. Auch eine Robbe (bis zur Küste sind es nur rund 100 Km) und das beinahe ausgestorbene Breitmaulnashorn werden aus den Gravuren gedeutet.

Nach der Führung fahren wir 30 Kilometer auf der C39 nach Khorixas und besuchen den versteinerten Wald. Der Name täuscht ein wenig, zumindest findet man keinen Wald mit versteinerten Bäumen stehend vor. Die Stämme, die einst einmal, vor rund 250 bis 300 Millionen Jahren, in der so genannten Karbon- oder Kohlezeit, einen Wald gebildet hatten, liegen heute flach auf der

Erde, jedoch alle in der gleichen Richtung. Einige der Baumstämme, die mittlerweile in zahllose Stücke zerbrochen sind, messen knapp 30 Meter in der Länge und bis zu 6 Meter im Umfang. Die Jahresringe lassen sich noch ebenso gut zählen wie an lebendem Holz.

Die Struktur der Stämme und das völlige Fehlen von Wurzeln weisen darauf hin, dass das Holz länger im Wasser gelegen haben muss. Irgendwann wurden sie dann angespült und mit Sedimenten zugedeckt. Ohne Verschüttung unter diesen Sedimenten wären sie den üblichen Gang alles Lebenden gegangen und es wäre nichts von ihnen wieder zu finden, doch die Bäume wurden zugedeckt und versteinerten unter Luftabschluss. Dann wurden sie irgendwann durch Erosion wieder freigelegt. Sowie die Felsgravuren steht auch der versteinerte Wald unter Schutz und trägt den Status eines Nationalmonuments.

Passend zu dieser Gegend der faszinierenden Urzeitzeugnisse wächst hier die Welwitschia Mirabilis, eines der kuriosesten pflanzlichen Geschöpfe der Erde. Die niedrige Pflanze wächst kaum in der Höhe und besitzt nur zwei Blätter, die sich unter dem Einfluss des Windes spalten und reißen. Durch die Feuchtigkeit der Küstennebel, die sich an den Blättern absetzen, bekommt die Pflanze Wasser und kann somit über 1000 Jahre werden. Das Weibchen trägt Früchte, das Männchen nicht.

Wir radeln die 30 Kilometer wieder zurück und fahren um halb 3 auf das Gelände des Camps Xaragu. Obwohl die Campsite sehr sauber ist, sind die Duschgelegenheiten ziemlich basic, aber echt in Ordnung und liebevoll mit hölzernen Vorhängen versehen. Genauso liebevoll sind die Öllaternen, die am Abend überall am Gelände angezündet werden. Wir suchen uns eine schattige Stelle aus, stellen das Dachzelt auf und richten den Stellplatz wieder ein. Romy braucht wiederum ihre Spielzeit und kuschelt sich oben ins Dachzelt. Obwohl es im Dachzelt doch immer etwas warm wird, genießt sie die beschützte Stelle und das unbeobachtete Spielen. Überraschenderweise traut sie sich am späten Nachmittag mal aus ihrem Versteck heraus und spielt längere Zeit am Campingplatz.

Afrika ist bekannt für seine wunderschönen rosa, orange oder rot gefärbten Sonnenuntergänge und danach der glitzernde Sternenhimmel und wir können das bestätigen. Der Sonnenuntergang ist traumhaft. Inzwischen machen wir gemeinsam ein Feuer, Romy deckt den Tisch und ich lege das gefrorene Fleisch auf den Rost. Dieses Mal eine Grillparty ohne Salat, dieser ist inzwischen aufgetaut und vom Wasser durchtränkt völlig ungenießbar.

Den Abend verbringen wir in der gemütlichen Lounge der Campsite und spielen das Kartenspiel der Kolonisten von Catan. Zum ersten Mal seit Lake Oanob ist der Campingplatz praktisch voll. Eine Gruppe neben uns hat die Musik ziemlich laut aufgedreht, wodurch es Romy nicht gelingt einzuschlafen. Nach einer halben Stunde bin ich dann mal hinspaziert. Ruhe bitte!

Dioptas

Heute geht es auf der C39 in westlicher Richtung und wir kommen bald in ein weites Tal, das sich langsam zum Huab Fluss hinab neigt. Auf der anderen Seite des Huab geht es steil in engen Kurven bergauf und von oben haben wir eine fantastische Aussicht über das Damaraland mit seinen Tafelbergen und kegelförmigen Bergspitzen. Durch die Berge gibt es hier bedeutend mehr Flussbetten, die zu überqueren sind und eben wegen der Regenzeit auch öfters unter Wasser stehen. Automatisch geht das Tempo hinunter, wir fahren maximal 50 bis 60 Kilometer pro Stunde. Ich schalte dauernd zwischen dem zweiten, dritten, maximal vierten Gang.

In dieser Region lebt der seltene Wüstenelefant, sowie zahlreiche „Achtung Elefanten" Schilder auch andeuten, aber wir sehen hier keine Tiere. Weiter nach Norden, auf der C43, kommen wir in Palmwag an ein Tor, das zur Kontrolle von Rinderseuchen hier eingerichtet ist. Es sind jetzt noch 110 Kilometer bis Sesfontein und teilweise ist die Straße wieder besser befahrbar, aber immer wenn ich in den fünften Gang schalten will, folgt ein Flussbett und muss ich wieder bremsen. Aber ich bremse nicht nur für die Flussbetten - zahlreiche Zebras, Springböcke, Oryxe und Strauße sind mitten auf der Straße auf der Suche nach Essen und Wasser.

Beim Abstecher nach Sesfontein ziert ein enormer Telefonmast die Landschaft, wir haben wieder Telefonempfang und melden uns mal bei Wolfgang. Der Empfang war bis jetzt sehr gut, zumindest auf den Hauptstraßen haben wir immer Netz gehabt. Die Landschaft schaut aus, als ob wir in Amerika im Bereich Grand Canyon unterwegs sind, die Berge gleichen dem amerikanischen Gebiet: einzigartig und wunderschön! In Sesfontein tanken wir das Auto mit 50 Liter voll und fahren zum Fort Sesfontein. Dieses alte deutsche Fort ist in den letzten Jahren komplett renoviert und zur Lodge ausgebaut worden. Wir genießen hier das Mittagessen: ein Cordon Bleu um scharfe N$120.

Bis zum heutigen unbekannten und wenig beachteten „Camp Aussicht“ sind es jetzt noch zirka 50 Kilometer. Der Weg dorthin ist äußerst interessant. Wir fahren durch eine wunderschöne Berglandschaft, die Bäume färben langsam ihre Blätter gelb, es wird immer deutlicher, dass wir in der Herbstzeit unterwegs sind. Teilweise ist die Straße durch Überflutungen weggespült oder von zahlreichen großen Steinen fast unpassierbar geworden. Wir brauchen mehr als 1 Stunde für diese Strecke, aber ich würde es als eine schöne und abenteuerliche Stunde bezeichnen! Als ich den Joubert Pass erreiche, wird mir klar, warum diese kurze Strecke asphaltiert ist. Diese Passage ist so steil, dass ein normales Auto bei einem Schotterweg nicht hinaufkommen würde. Ich gebe Vollgas, aber auch der Nissan hat es schwer, die letzten fünf Meter muss ich sogar im ersten Gang zurücklegen.

Oben angekommen ist die Aussicht traumhaft! Plötzlich steht ein Mann neben der Straße und hält den Daumen hoch - ein Autostopper. Aber ich halte nicht an, ich gebe sogar noch etwas Gas. Als Frau alleine mit Kind muss ich unterwegs etwas vorsichtiger sein und werde jetzt sicherlich niemanden mitnehmen. Ironischerweise verlange ich bei einer Panne natürlich schon, dass der Autostopper mir beim Reifen wechseln hilft….

Beim Aushängeschild der Campsite biegen wir in einen Pfad ein. Die 5 Kilometer lange Strecke bis zur Campsite ist ein wahres Erlebnis! Das Schild hat angedeutet, dass die Campsite sich hier befindet, denn ansonsten hätten wir nicht gedacht, dass am Ende der Straße wirklich noch etwas kommt. Marius Steiner, der Eigentümer von Camp Aussicht, hat hier vor 25 Jahren voller Idealismus mit dem Abbau der wunderschönen Dioptasmineralien begonnen und eine Campsite eingerichtet. Dioptas ist ein seltener durchsichtiger grüner Edelstein, auch als Kupfersmaragd bezeichnet und leicht mit dem Smaragd zu verwechseln.

Die Campsite wird im Internet mit „gut“ bewertet, aber als wir dort hinkommen, finden wir eine sehr primitive Campsite vor. Ein Plumpsklo und eine Buschshower – lies: ein Eimer mit Löchern. Du gibst das Wasser oben hinein und bei den Löchern rinnt es wieder raus. Die Anzahl der Löcher entscheidet über die Dauer deines Duschvorgangs. Dieses Mal sind wir die einzigen Campinggäste, ein Spanier, der mit dem Rad von Kapstadt nach Spanien unterwegs ist, übernachtet bei Marius im Haus. In einer jedoch phantastischen Landschaft, mitten im Nichts, aber voller fliegender mückenartiger Insekten, errichten wir unser Camp. Marius schaut einige Male vorbei und kümmert sich wirklich nett um uns. Er beruhigt uns: die so genannten Mücken sind kleine Insekten mit einer Saugfratze, die Wasser saugen, keine Moskitos! Wenn das so ist, muss ich sagen, dass wir bis heute noch keine Stechmücken gesehen haben. Wir nehmen auch keine Malaria Prophylaxe, weil das einzige Malariagebiet in Namibia sich an der Grenze zu Angola befindet - so weit nach Norden kommen wir nicht. Durch die heftige und wasserreiche Regenzeit gibt es aber Warnungen, dass die Mücken doch auch etwas südlicher unterwegs sein könnten. Bis jetzt haben wir Glück und habe ich nicht mal eine Mückenbeule bemerken können.

Wir machen am Abend wieder ein Feuer und grillen einige Würstel, dieses Mal mit Erbsen dazu. So hoch in den Bergen wird es bereits eine halbe Stunde früher dunkel, damit habe ich nicht gerechnet! Die Würstel sind erst fertig, als es schon dunkel ist, schmecken jedoch wunderbar beim Kerzenlicht mit Zitronenduft. Ich habe Romy versprochen, dass wir nach dem Essen ein großes Lagerfeuer machen werden. Unsere Gaslampe ist kaputt gegangen - nach 2 Tagen ohne Defekte war wieder was an der Reihe - das trifft sich sehr gut. Die lodernden Flammen des Lagerfeuers bringen uns genügend Licht und angenehme Wärme, während ich einen Kaffee trinke und Romy vom Feuer Fotos macht. Sie genießt es sehr. Ich schaue ihr glücklich zu und fühle in diesem Moment eine innerliche Zufriedenheit aufkommen. Ich empfinde es als Privileg mit ihr unterwegs zu sein und ihr die Welt zu zeigen. Sie ist noch nicht von Gewohnheiten und Vorurteilen geprägt und geht jede Reise unkompliziert und voller Wissbegierde an. Das Reisen mit ihr ist einfach schön und ich bin sehr stolz auf sie.

Kaokoveld

Beim Zusammenklappen des Dachzeltes, wird auch die Matratze zusammen geklappt, was offensichtlich schon 1000-de Male passiert ist. Die Matratze ist deswegen in der Mitte viel dünner und ich liege ziemlich durch, das sagt mir zumindest mein Rücken. Umso mehr freue ich mich auf zwei Nächte in der Lodge, in einem herrlichen warmen, weichen und staubfreien Bett.

Bevor wir nach Opuwo fahren, suchen wir Marius im Haupthaus auf. Er hat vor 7 Monaten zwei zahme Strauße gefangen, da ist Romy neugierig geworden. Aber wenn du als 6-jähriges Mädchen neben einem 2 Meter hohen Strauß stehst, ist der doch ziemlich groß und die Bewegungen von dem langen Hals sind schwierig einzuschätzen. Marius hält die Tiere unter Kontrolle und zeigt uns nachher seine Werkstatt, wo er die blauen Kupfersteine spaltet und das Dioptas herausholt. Die Liebe zu den Mineralien hat er von seinem Vater geerbt. In so einer Umgebung, weit weg von der Zivilisation muss es wohl Liebe sein. Ich möchte da nicht mal für eine Million Euro wohnen. Na ja, eine Woche vielleicht....

Die Straße nach Opuwo ist, im Gegensatz zum gestrigen Teil, wieder sehr gut befahrbar, obwohl man die nördlichen C-Straßen nicht mit den C-Straßen im Süden vergleichen kann. Die Straße führt uns durch das Kaokoveld, das traditionelle Siedlungsgebiet der Himba.

Wir fahren immer öfter an kleinen Himba-Dörfern vorbei. Die Himba-Frauen arbeiten beim Haus, rühren die Milch zu Butter oder tragen Holz auf dem Kopf während die Männer „nur“ die Ziegen- oder Kuhherden hüten. Und Kinder, überall entlang der Straße spielen, rennen, lachen und winken Kinder. Nach etwa 80 Kilometer durch diese abwechslungsreiche Landschaft mit den Joubertbergen immer an der rechten Hand, erreichen wir nach fast 2 Stunden Opuwo. Ganz überrascht bin ich von der Größe dieser Stadt, der Anzahl der Menschen auf der Straße und der Mischung von Namibiern, Herero und Himba. Da kommt aber auch eine gewisse Unsicherheit bei mir nach oben und sicherheitshalber verriegele ich die Autotüren von Innen. Vielleicht nicht notwendig, aber ich mache es einfach.

Wir fahren gleich zur Opuwo Country Lodge und schon beim Eingang habe ich das Gefühl, dass ich im Paradies gelandet bin. Das Hotel schaut typisch afrikanisch, trotzdem hochmodern und sehr exklusiv aus, wir bekommen sogar einen Willkommen-Drink! Und es gibt ein Schwimmbad. Romy will da natürlich hin, deswegen verbringen wir den Nachmittag am Rande des Schwimmbades mit fabelhafter Aussicht über Kaokoveld. Die Lufttemperatur ist 30 Grad, aber da weht eine kräftige Brise und das Wasser ist maximal 22 Grad. Wir sitzen wortwörtlich mehr am Rande des Bades, im Wasser ist es einfach viel zu kalt. Schade, es wird wieder nichts mit Schwimmen.

Zum Mittagessen bestellen wir eine erstklassige Mahlzeit auf der Terrasse. Romy bekommt Schinken-Käse-Toast mit Pommes, ich bestelle ein französisches Baguette mit Lachs und Brie. Fantastisch! Inzwischen setzen sich zwei Holländer auf die Terrasse - die beiden sind gerade auch von Sesfontein angereist. Wir geraten ins Gespräch und er, Jeroen, erzählt, wie sie heute Morgen einer einheimischen Familie geholfen haben. Die Familie hatte gestern Abend eine Reifenpanne und mit ihren drei Kindern entlang der Straße übernachten müssen. Jeroen und Antoinette haben ihren Reserve-reifen ausgeborgt und hoffen natürlich, ihn heute wieder zurück zu bekommen. Romy spielt am Schwimmbadrand und ich unterhalte mich mit den beiden. Wir finden heraus, dass wir uns in drei Tagen in Etosha am Campingplatz wieder treffen werden. Und es wird deutlich, dass die Namibier sehr nette Menschen sind - der ausgeborgten Reifen wird tatsächlich nachgeliefert.

Wir verbringen den Nachmittag relaxend im Zimmer, genießen das Abendessen im gemütlichen Restaurant und die Nacht im herrlich warmen und weichen Bett.

Die Himba

Wir fahren schnell mit Jeroen und Antoinette in die Stadt. Wir müssen Geld wechseln und Proviant einkaufen. In der Warteschlange der Bank steht eine rot eingecremte Himba-Frau, mit nacktem Oberkörper, bestückt mit zahlreichen Ketten, wunderschönem Haarschmuck und einem Rock aus Ziegenfell. Dahinter eine Herero-Frau mit einem bunten Kleid, womit sie offensichtlich schon einige Male hängen geblieben ist. Die Tracht schreibt einige Kleider übereinander vor, langärmelig und einen Dreieck-Hut. Unglaublich, dass diese beiden Frauen, die auf den ersten Blick total unterschiedlich ausschauen, mit einander verwandt sind. Dazwischen läuft die Jugend, die modern gekleidet ist und sogar über ein Handy verfügt. Ein faszinierender Anblick.

Mit N$ 2000 in der Tasche und frischen Lebensmitteln im Kühlschrank verabschieden wir uns von Jeroen und Antoinette, sie fahren heute nach Kamanjab, wir bleiben noch eine Nacht in Opuwo und folgen den Beiden dann morgen.

Um Punkt 3 melden wir uns im Hotel bei unserem Führer Konsa für eine geführte Himba-Tour. Wir fahren gemeinsam mit Mark und Sarah, ein interessantes amerikanisches Duo, die bald in einem Heißluftballon über der Sossus Vlei heiraten werden und jetzt fast 8

Monate auf Weltreise unterwegs sind. Wir fahren 30 Minuten und kommen in „the middle of nowhere" zu einem, auf dem ersten Blick, verlassenen Dorf. Der Führer hupt einige Male und da kommen auch schon die ersten Kinder aus den Büschen angerannt. Der Führer muss zuerst beim Chief die Zustimmung einholen, ob wir sein Dorf besuchen dürfen, wir warten inzwischen beim Auto. Der Chief, der übrigens keine Ahnung hat wie alt er ist, freut sich auf unser Kommen und wir dürfen gerne sein Dorf besuchen und fotografieren.

Die Himba sind ein Nomadenvolk und haben in den vergangenen Jahrzehnten so viele Katastrophen und Einflussnahmen von außen erlebt, dass es fast einem Wunder gleicht, wie stolz sie ihrer Tradition treu geblieben sind. Die auffälligsten Merkmale der Himba sind deren Kleidung, der reiche Schmuck und die rote Hautbemalung.

Inzwischen erklärt Konsa wie wir die Himba begrüßen können: die Hand geben und das Wort moro, also Guten Tag, sagen. Dann ist der Chief so weit, dass er uns empfangen kann. Wir, mit unseren Sandalen, schauen genau, wo wir unsere Füße hinplatzieren. Überall liegen Kuhfladen und kleine Dorne. Die Himba interessiert das alles nicht, sie marschieren überall barfuß durch. Der Chief sitzt auf einem Stuhl, nur Männer „besitzen" Stühle, Frauen sitzen am Boden. Ich begrüße ihn, gebe ihm eine Hand und sage „moro". Erstaunlicherweise macht Romy das Ritual nach. Sie ist eher eine scheue junge Dame, aber stolz schaue ich ihr zu, wie sie den

Chief begrüßt. Der Chief stellt Fragen, „wie viele Frauen habt ihr?“, „wie viele Kühe habt ihr?“, „wie viele Kinder habt ihr?“. Er schüttelt fassungslos den Kopf. Nur 1 Mann, nur 1 Kind und keine Kühe. Was sind wir für ein Volk? Auf die Frage von wo wir kommen, brauchen wir nur die Richtung anzudeuten. Er hat keine Ahnung wo Europa oder Amerika liegt, er weißt nicht mal wie weit 100 Kilometer sind. Barak Obama, Garth Brooks, Michael Schuhmacher oder Johann Cruyff, bemühe dich nicht, er kennt sie nicht!

Während des Rundganges erfahren wir, dass die Männer schon sehr von der heutigen Technologie beeinflusst worden sind und meistens mit T-Shirt und Shorts angezogen sind. Die jüngeren Burschen tragen schon noch ein Ziegenfell und haben die Haare rasiert. Sind die Jungs etwas älter, dann tragen die nur 1 Zopf am Hinterkopf.

Die Frauen dahingegen, sind noch immer sehr traditionell gekleidet. Sie tragen einen Rock aus Ziegenfell und sind am nackten Oberkörper bekleidet mit Schmuck wie Ketten, Perlen, Muscheln und Steinen. Jedes Detail an der Kleidung hat einen emotionellen Wert oder eine spezielle Bedeutung. Ein Kind bekommen - ein Schmuckstück am Fuß, Vater gestorben - ein Schmuckstück am Arm. An der Haartracht kannst du den gesellschaftlichen Status des Trägers ablesen. Die Kinder tragen die Haare in zwei Zöpfen nach vorne und symbolisieren Rinderhörner. Die etwas älteren Kinder, ich schätze so 10 – 12 Jahre, haben viele rot gefärbte Zöpfe nach vorne hängen und können bald heiraten. Sind die Mädchen einmal verheiratet, dann tragen sie die Haare nach hinten, bekommen zwei abstehende Zipfel der Fellhaube und werden mit dem roten Farbstoff und der Buttermischung verschönert. Die Himba kennen keinen Kalender. Wie alt sie sind, wissen sie nicht. Geburtstag, Weihnachten, Hochzeitstag, alles unbekannt. Romy schenkt einem Kind einen Hai aus Plastik. Die Mutter des Kindes weiß was ein Elefant ist, hat aber keine Ahnung, was der Hai für ein Tier ist und wo er lebt.

Ich schätze, dass die Mädchen mit 14 – 16 Jahren heiraten um ein wenig später, das erste Baby zu bekommen und mit durchschnittlich 8 bis 14 Kindern in die Wechseljahre zu gelangen. Die Frauen sind bekannt für ihr rotes Aussehen, eine Pasta aus Rotholzpulver und Butter. Sie cremen sich zweimal täglich mit dem schmuddeligen Zeug ein. Die Frauen dürfen sich nicht waschen, die Männer schon. Eine Dame zeigt uns in ihrem Haus das Baderitual beziehungsweise das Eincremen mit der roten Farbe, und wie sie sich nachher parfümiert – nicht nur unter den Armen, sondern auch ihr Gesicht und der Vaginalbereich wird mit dem herrlichen Duft versehen. Die Dame will uns am Arm eincremen und ganz überraschend springt Romy als erstes auf. Sie will unbedingt einen roten Arm haben.

Am Ende der Besichtigung folgt die Einkaufsrunde. Bis vor einigen Jahren haben Touristen die wunderschönen Schmuckstücke der Frauen für viel Geld von deren Körper gekauft, die für die Himba jedoch einen hohen emotionalen Wert hatten. Die Führer haben die Himba dann empfohlen, auch einige Schmuckstücke für den Verkauf zu produzieren, eine prima Lösung! Alle Damen haben Handwerk, meist Schmuck, ausgestellt und wir dürfen natürlich handeln. Romy wünscht sich eine Kette mit einer Muschel und darf selbst über den Preis bestimmen. Die Dame fängt bei N$100 an, Romy will N$ 50 bezahlen. Ich sage ihr, sie soll zuerst zwei, dann vier und zum Schluss fünf Finger anzeigen. Die Dame will sechs, aber Romy bleibt bei fünf, okay, DEAL. Romy hat um N$50 eine Himba-Kette gekauft. Die Frauen haben ziemlich lachen müssen mit Romy, wie sie da gehandelt hat. Ich bin nur stolz auf meiner Tochter. Sie hat mit 6 Jahren allen Himba-Frauen eine Hand gegeben und sie begrüßt, sie hat sich mit der roten Farbe eincremen lassen und jetzt selbst ihre Kette ersteigert. Fabelhaft!

Nach einem Abschiedstanz lassen wir Geschenke wie Mehl, Tabak, Kohle und Wasser da und verabschieden uns von diesen besonderen liebenswerten Menschen.

Nach dem Abendessen bekommen wir einige tolle Fotos von Sarah geschenkt, welche sie von Romy gemacht hat. Thanks Sarah!

Wilde Katzen

Unsere Gaslampe ist noch immer defekt und bevor ich weiterfahre, möchte ich diese erst reparieren lassen. Ich weiß nicht wie die heutige Campsite ausgestattet ist und nur eine Taschenlampe ist mir zu wenig. Marius, vom Camp Aussicht, hat uns die Firma Agra in Opuwo empfohlen, wo Ersatzteile für den Gaskocher verkauft werden. Wir finden das Geschäft neben dem Supermarkt, welches ich am Besten mit einem Lagerhaus umschreiben kann. Es gibt dort auch Lebensmittel, aber eigentlich wird Werkzeug und allerhand Ersatzteile verkauft. Wir fragen im Geschäft erst mal nach und der Manager des Ladens ist sehr hilfsbereit. Er platziert einen neuen Sack um das Ventil und ich hole inzwischen die Gasflasche aus dem Auto. Ich werde den Laden nicht verlassen, ohne dass die Lampe wieder funktioniert! Der Manager bastelt eine Weile herum und bis die Gaslampe repariert ist, dauert es fast eine Stunde. Die Reparatur kostet genau N$ 28,40. Jetzt können wir beruhigt nach Kamanjab fahren.

Es sind zur Otjitotongwe Cheeta Farm 260 Kilometer und zum ersten Mal nach Swakopmund haben wir wieder eine Asphaltstraße – die C41, nachher C35. Der Tacho steht ständig auf 120 KMH - es piepst andauernd - ich freue mich endlich mal etwas schneller fahren zu können und nicht durchgeschüttelt zu werden. Wir müssen nur immer wieder bremsen für Herden von Kühen oder

Ziegen, die in diesem Gebiet zahlreich anwesend sind. Die Landschaft wird geprägt von großen runden Felsblöcken, die, so wie es scheint, auf einander gestapelt sind. Wir fahren am Zaun des westlichen Teils Etosha vorbei und als wir direkt neben der Straße auf eine Giraffe stoßen, wird uns klar, dass wir wirklich in der Nähe des Nationalparks sind. Wir sehen unterwegs auch ein Gürteltier, einen Dachs und zahlreiche Schlangen, leider alle überfahren.

Was noch mehr auffällt, sind die große Anzahl der Termitenhügel in dieser Region. Direkt außerhalb von Opuwo steht ein Hügel, wo die Äste eines Baumes wie Ärmel heraus stehen. Ein wunderbarer Anblick, aber ich vergesse dieses Kunstwerk zu fotografieren, was mich bis heute ärgert! Komischerweise bauen die Tiere sehr oft in der Nähe eines Baumes ihr Zuhause. Man sagt, dass wenn der Hügel einen Meter hoch ist, die Höhle auch bis zu einem Meter tief in den Boden läuft. Was wir sonst viel sehen, sind Vogelnester oben auf den Elektrizitätsmasten gebaut.

Mitten in Kamanjab befindet sich ein Supermarkt, wir brauchen noch etwas Fleisch für das Barbecue heute Abend. Im Gefrierfach finden wir Hühnerfilets, die nehmen wir mit, sowie frische Brötchen. Jetzt noch mal 30 Liter Benzin tanken und dann sind es noch 25 Kilometer zur Cheeta Farm. Ich lenke in die D 2683 ein und mache das Tor auf. Auf den Hinweisschildern stehen immer Richtungspfeile und die Kilometerdistanz. Aber wie interpretierst du die Symbole? Erst 8 Kilometer fahren und dann links abbiegen, oder erst abbiegen und dann noch 8 Kilometer fahren. Ich vermute das letzte, zweifle trotzdem. Beim zweiten Tor hängt dann ein großes Schild „Cheeta Park - visitors only allowed to enter after 3.00 pm". Es ist aber erst 12 Uhr. Ich zweifele noch mehr, ob ich richtig gefahren bin und will natürlich nicht, dass ein Gepard oben auf dem Autodach mitfährt. Ich rufe sicherheitshalber den Besitzer an, „Alles okay, einfach weiterfahren" und nach noch mal 3 Kilometer stehen wir tatsächlich vor seinem Haus. Zur Campsite sind es dann noch 2 Kilometer. Tja, wenn du zu einer Cheetafarm fährst, erwartest du jederzeit Geparden. Du weiß, dass die Tiere in der Nähe sind, siehst sie aber nicht. Eine Art Safari.

Die Campsite liegt sicherlich 10 Kilometer von der Hauptstraße in einer schönen und ruhigen Gegend. Die zahlreichen Vögel wie Gelbschnabeltoko, Glanzstar zwitschern und rosa Tauben gurren in den Bäumen, die Weber bauen fleißig ihr Nest. Wir haben diese Nester unterwegs sehr oft gesehen und man erkennt sie sofort. Der Baum schaut wie ein afrikanischer Weihnachtsbaum aus, überall hängen die Kugeln drinnen, nur der Engel fehlt.

Um 15.00 Uhr werden wir für die Cheetatour von Marius, den Sohn des Hauses, abgeholt. Auf der Farm, die seit 1930 in Händen dieser Familie ist, werden 3 zahme Geparden gehalten. Romy darf die Mädchen streicheln, aber das erlaube ich nur, wenn der Besitzer dabei ist. Es ist doch zum Aufpassen mit zahmen

Wildtieren und Kindern, die können durch ihre geringe Größe und ihre unerwarteten Bewegungen schnell mal für eine Beute angesehen werden. Noch mehr aufpassen heißt es, wenn die Tiere Futter bekommen. Ich bin mit Tieren aufgewachsen und weiß, dass man mit Tieren die fressen nicht herum spielen soll. Eines der Gepard-Weibchen legt sich vor Romy hin und wird voller Stolz zärtlich und liebevoll von ihr gestreichelt. Mutige Romy!

Mit Gewitter und einem dunklen Himmel im Hintergrund steigen wir auf die Ladefläche des Pick-up Autos. Die zahmen Geparde waren erst der Anfang der Besichtigung, jetzt wird es ernst. Wir fahren, stehend oben auf der Ladefläche mit einer Mülltonne voller zerlegtem Esel zwischen uns, in ein riesiges Gehege hinein. Die ersten wilden Geparde tauchen aus dem

Nichts auf und folgen dem Auto. Obwohl diese Geparde wild sind, werden sie gefüttert und das wissen die auch. Wir fahren 2 Kilometer in den Park hinein - die drei Geparden immer in der Nähe und die Fleischtonne zwischen uns. Die zierlichen Katzen schleichen durch das hohe Gras und sind teilweise kaum bemerkbar. Laut Marius halten sich 13 Tiere in diesem Gehege auf, wir sehen jedoch nur 3, die anderen befinden sich aber sicherlich in unmittelbarer Nähe des Autos! Marius hält an und steigt aus dem Auto aus. Pfff, der traut sich was - Respekt! Er öffnet die Ladefläche des Pick-ups und wie auf Kommando erscheinen immer mehr Geparde. Es bewegt sich erst nur das Gras und mit einem Sprung stehen die Tiere neben dem Auto. So schnell kannst du gar nicht schauen. Es sind ohne Zweifel die schnellsten Tiere der Welt!

Marius schmeißt ein Stuck Esel nach rechts, klik klik klik machen die Fotokameras und grrrr grrrr grrrr kämpfen vier oder fünf Geparden um das Fleisch. Das gleiche dann nach links, wieder rechts, wieder links, ein Gepard ist an einem Auge blind, er hat heute Glück und bekommt das Stück direkt ins Maul geworfen. Aber nicht alle Geparde bekommen ein Stück Esel, das ist in der Natur auch nicht so, erklärt Marius. Vielleicht haben diese Geparde morgen mehr Glück.

Inzwischen blitzt und donnert es ordentlich und eine frische Brise kommt auf. Nicht weit von uns entfernt regnet es schon und der Himmel schaut bedrohlich dunkel aus. Schnell fahren wir zur Campsite zurück, Romy sitzt inzwischen gemütlich in der warmen Fahrerkabine, während ich auf der Ladefläche langsam erfriere. Zurück am Campingplatz erscheint ein Regenbogen am Himmel, das ist ein Zeichen! Ich bin mir sicher, dass das Gewitter an uns vorbei ziehen wird. Optimistisch zünde ich die Kohle für den Griller, oder auf Afrikanisch Braai, an und bereite das Abendessen vor. Romy spielt am Stellplatz. Dieser ist voll mit kleinen Dornenbällen, die an Schuhen und Kleidung kleben bleiben und sich gemein in unserer Haut festbeißen. Logischerweise tauschen wir die Sandalen gegen unsere Halbschuhe, die haben wir somit nicht ganz umsonst mitgenommen. Das Essen ist inzwischen fertig und wir freuen uns auf die Hühnerfilets mit Salat – natürlich im Trockenen. Aber es wird schnell dunkel und ich bin froh, dass wir unsere Gaslampe repariert haben. Libellen, Fliegen, Mücken, Schmetterlinge, Heu-schrecken und andere nicht identifizierbare Insekten werden von dem „neuen" Licht angelockt.

Elefantenspuren

Heute wird uns wieder mal deutlich, dass wir in der Herbstzeit reisen. Ich wache auf, weil ich eiskalte Füße habe. Auch der Rücken hat sich nach zwei Nächten Hotel nicht erholt und schmerzt. Aber gleichzeitig kommt auch eine Freude auf: Etosha!

Entlang der C38, welcher von Outjo nach Okaukuejo führt, steht das Gras wirklich Bauchhoch. Wir sehen eine Truppe Paviane die Straße überqueren, sie verschwinden jedoch gleich im hohen Gras. Auch für die witzigen Warzenschweine können wir gerade noch rechtzeitig bremsen, sobald sie die Straße überquert haben, hören wir nur noch das Rascheln der Grashalme. Fotografieren ist unmöglich.

Eine Viertelstunde später stehen wir vor dem Etosha Eingang. Mit seinen rund 23.000 km^2 Fläche - so groß wie Vorarlberg, Tirol und das Salzburger Land zusammen - ist der Etosha Nationalpark, oder einfach Etoshapfanne, eines der größten Naturreservate der Welt. Nach der Serengeti in Tansania hat die Etoshapfanne die höchste Wilddichte aller Nationalparks Afrikas. So leben hier 114 verschiedene Säugetierarten, teilweise in sehr großer Zahl, wie die Springböcke und die Zebras. Dazu etwa 300 Arten Vögel und diverse Reptilien. Der Park ist eigentlich ein Muss für jeden Namibiareisenden. Leoparden, Giraffen, Löwen oder das seltene schwarze

Nashorn sind hier genauso zu finden wie Hyänen, Bergzebras, Gnus und Elefanten. In der Mitte des Parks befindet sich, umgeben von Savannen und Buschwäldern, die eigentliche Pfanne, eine ausgedehnte Salz- und Lehmpfanne, oder ein flacher, verlandeter See von etwa 5000 km^2 Fläche, der nur in guten Regenjahren wie auch 2008/2009 eine größere Wasserfläche von ca. 10 cm Tiefe bildet, die meiste Zeit des Jahres aber ocker-grau und silbern in der Sonne schimmert. Daher bedeutet auch das aus der Oshivambo-Sprache kommende Wort Etosha soviel wie: "großer weißer Platz trockenen Wassers". Fischarten, die an diese trockenen Seen angepasst sind, schlüpfen während der Regenzeit aus ihren Eiern und bevölkern den See. Ihr Ziel ist es, so schnell wie möglich wieder Eier zu legen, die dann wieder monatelang im kalkigen Lehmschlamm überdauern, bis der nächste Regen die Pfanne wieder füllt. Auch die hier heimischen Wasserschildkröten leben ein ähnliches Leben und graben sich für Monate ein.

Am Südrand der Pfanne befinden sich eine ganze Reihe Wasserquellen, die zahlreiches Wild anlocken. Hier liegen auch die drei Campsites: Okaukuejo, Halali und Namutoni. Neben den natürlichen Wasserstellen gibt es auch einige künstlich angelegte. Die gut befahrbaren Straßen verlaufen so, dass man alle interessanten Wasserstellen und Sehenswürdigkeiten gut erreichen kann. Der Einlass ist ab Sonnenaufgang, bei Sonnen-untergang musst du wieder bei deiner Campsite eingekehrt sein.

Wir verbleiben heute in Okaukuejo. Das aus weiß leuchtendem Kalkgestein errichtete Tor, der Wasser- und Aussichtsturm und das Restaurant geben dem Camp ein ganz besonderes warmes Flair. In der Touristeninformation können Besucher ihre täglichen Beobachtungen eintragen, die sie an den diversen Wasserlöchern gemacht haben. Nachdem wir ein 2-tages Permit um N$ 180 und eine Karte des Nationalparks gekauft haben, informieren wir uns dort über interessante Entdeckungen. So erfahren wir, dass sich bei Leeubron öfters Löwen aufhalten und am Nachmittag in Olifantbad die Elefanten Wasser trinken. Afrikanischer Zufall vielleicht?

Ein ganz besonderes Bonbon ist natürlich die Wasserstelle am Campingplatz. Der Sitzbereich ist einiges höher gelegen und durch entsprechende Einzäunung so gesichert, dass man dennoch einen freien Blick zum Wasserloch hat. Nachts wird es angestrahlt, so dass man in warmen Nächten lange ausharren und allerlei Tiere beobachten kann, wie zum Beispiel Elefanten oder Nashörner. Außer 400 Zebras treffen wir hier wieder auf Jeroen und Antoinette, die wir in Opuwo kennen gelernt haben und laden die zwei zum späteren Abendessen ein.

Romy kann nicht mehr warten, sie will losfahren. Es ist erst 13 Uhr und nicht wirklich eine gute Zeit für eine Wildbeobachtung, aber egal. Schauen wir mal was bei den Wasserstellen so los ist. Wir entscheiden uns für den östlichen Teil und fahren zum Olifantbad. Nach 5

Kilometer wird mir klar, dass wir in Etosha nicht viel sehen werden. Und das nicht wegen der Uhrzeit! Das Gras steht ungefähr Bauchhoch, die Sträucher haben so viele Blätter wie noch nie und das Gebüsch steht so eng aneinander, da findet nicht mal eine Ameise ein Loch zum Durchschauen. Ich höre öfters von Leuten, dass sie nicht in oder nach der Regenzeit nach Afrika fahren möchten, aber alles hat so seine Vor- und Nachteile. Wir werden am Sonntagnachmittag, als wir Etosha verlassen, die Bilanz ziehen.

Wir erreichen eine offene Fläche und sehen Zebras, Zebras, Zebras und noch mehr Zebras. Wie viele haben die hier eigentlich? Und dazwischen stehen noch mehr Springböcke, egal wo du schaust, du siehst Springböcke! Angeblich 300.000 Stück im gesamten Park. Etwas weiter begegnen wir zum ersten Mal einer Herde Impalas. Jetzt ist der Unterschied zwischen Springböcke und Impalas deutlich sichtbar. Die Impalas sind größer, haben mehr Braun am Bauch statt Schwarz und auch die Hörner krümmen sich anders.

Wir nähern uns Olifantbad und Romy muss dringend auf die Toilette. Es gibt in der Nähe ein sicheres Gelände mit Zaun, wo sie auf die Toilette, lies: im Freien gehen kann. Einfach im Park so aussteigen ist keine gute Idee! Ich verpasse jedoch die Ausfahrt und stehe direkt vor dem Wasserloch Olifantbad Auge in Auge mit 40 Elefanten!!! Whow. Ich mache schnell 3 Fotos, weil Romy muss echt sehr dringend. Wir drehen das Auto, fahren zur Toilette und sind nach knapp fünf Minuten wieder zurück. Leider sind die meisten Elefanten dann schon wieder im Wald verschwunden, nur noch vier Elefanten stehen beim Wasserloch. Ich fotografiere die riesigen Tiere ausgiebig, ich habe sogar ein Foto von einem Elefanten mit sechs Beinen!?! Als auch die letzten vier Elefanten Richtung Wald marschieren, bemerke ich, dass der Nissan doch ziemlich nah an deren Route steht. Wegfahren möchte ich jetzt nicht mehr, damit könnte ich das junge Männchen vielleicht verärgern. Mit angehaltenem Atem sitzen Romy und ich bewegungslos im Auto, wir fürchten uns ein wenig, meine Finger kleben sicherheitshalber am Autoschlüssel. Der Bulle schaut uns an, flattert zweimal mit seinen Ohren und marschiert fast geräuschlos an uns vorbei und verschwindet im Wald. Puuhh, wir können wieder aufatmen. Spannend!

Nachdem Romy einen großen Haken beim Elefanten in ihrem Buch gemacht hat, fahren wir die Runde im Park fertig. Nach so einem beeindruckenden Highlight, sind die drei Schakale neben dem Auto gar nicht mehr so interessant. Dazu muss ich sagen, dass wir in Namibia schon sehr oft Schakale gesehen haben. Bei unserer Rückkehr erwischen wir die Tiere sogar an unserem Stellplatz beim Ausrauben der Mülleimer!

Es wird schon dunkel und ich fange mit den Vorbereitungen für das Abendessen an. Jeroen und Antoinette kommen zum Essen; Hühnerfilets vom Grill. Wir warten bis die Kohlen glühen und in der Zwischenzeit wandere ich mit Romy noch schnell zum Wasserloch. Dieses Mal keine 400 Zebras, sondern nur 1 ganzes Tier, aber ein Großes: ein Elefant! Auf den Bänken sitzen sicherlich 50 Menschen mucksmäuschenstill. Es ist als ob wir in eine Kirche hinein gekommen sind, da fängt man auch auf einmal zum Flüstern an. Romy hat ihre Fotokamera alias MP3-Player mit K3 Musik noch an und bekommt „Schimpf" von einer Dame, ja wirklich! Der

Elefant hat es aber nicht gestört! Zurück beim Zelt müssen wir aufpassen, dass die Erdhörnchen das Brot nicht mitnehmen und die Schakale nicht das Fleisch vom Barbecue stehlen! Es wird ein netter Abend. Ich genieße es, mit Romy alleine unterwegs zu sein und Zeit für sie zu haben, aber ein Gespräch mit Erwachsenen hat auch was. Wir haben gerade fertig gegessen, als es zum Regnen beginnt. Na ja Regen, es tropft. Wir räumen schnell einige Sachen weg, dann hat es auch schon wieder aufgehört. Ich habe Romy versprochen, dass sie heute lange aufbleiben darf, weil wir das beleuchtete Wasserloch beobachten werden. Wir setzen uns dort auf die Bank, im Moment sehen wir keine Tiere. Romy ist ziemlich müde und schläft nach fünf Minuten bei mir am Schoß ein. Nicht mal die drei seltenen Breitmaulnashörner, die etwas später aus dem Gebüsch zum Wasserloch kommen, können sie aufwecken!

Am nächsten Tag starten wir den Gamedrive um halb 7, dieses Mal möchten wir zum westlichen Teil des Nationalparks fahren. Es geht gleich los mit drei Schakalen, aber Löwen stehen auf unserer Wunschliste und wir hoffen die in Leeubron anzutreffen. Wir fahren eine Weile hinter einem Ranger her und stoßen tatsächlich auf einen Löwen, begleitet von einer Löwin. Es schaut so aus, als ob die zwei zum Wasserloch Leeubron unterwegs sind. Also schnell zum Brunnen! Da sitzen noch zwei Löwen-Damen, die die ersten Sonnenstrahlen genießen. Inzwischen fahren wir mit vier Autos um das kleine Wasserloch, welches von sehr hohem Gras umgeben und nicht mal 2x2 Meter groß ist.

Es ist schwierig die majestätischen Tiere zu fotografieren, wir müssen etwas drängeln und zu Hause ordentlich photoshoppen. Als wir später auch noch vier Hyänen und einen Sekretärvogel sehen, können wir heute von einem Volltreffer reden!

Zurück zur Campsite frühstücken wir beim Zelt, relaxen beim Auto und am Wasserloch. Dann ist es Zeit weiter zu fahren nach Halali. Auf dem Weg dort hin besuchen wir die Etoshapfanne, wo seit der Regenzeit außergewöhnlich viel Wasser steht. Außer Zebras, Springböcke und Impalas sehen wir unterwegs zwei Giraffen, sonst ist es ruhig im Park. Na ja, wir sind auf dem Weg nach Halali sicherlich an dem einen oder anderen Tier vorbei gefahren, ohne es zu sehen. Der Name des Halali Camps entstammt der Sprache der Jäger und ist das Signal zum Ende der Jagd. Halali ist seit 1967 für den Tourismus eröffnet und bietet alles was du brauchst: Restaurant, kleiner Supermarkt, Tankstelle, Schwimmbad und Kiosk. Es liegt zwischen Namutoni und Okaukuejo und ist zu beiden etwa 70 km entfernt. Unweit von Halali liegt ein Hügel der den Namen Halalikoppie trägt und von dem aus wir wieder Tiere am Moringa-Wasserloch beobachten möchten, aber außer Eichhörnchen sehen wir dort nichts. Ach ja, wir finden hier die zwei Holländer aus Windhuk wieder.

Faulenzen, Schreiben, Spielen. Das ist es, was am letzten Vormittag im herrlichen Park auf unserem Programm steht. Romy hat sich gleich nach dem Frühstück oben im Zelt versteckt, ich sitze mit dem Computer vor dem Auto in der Sonne. Es ist bemerkenswert, dass die fast volle Campsite - in der Hauptsaison sollte man diese in jeden Fall vorher reservieren - jetzt total leer geworden ist. Alle Gäste sind im Park unterwegs oder zum nächsten Ziel abgereist. Auch wir haben heute noch ein Ziel und bis zur Onguma Campsite sind es noch 85 Kilometer. Mit viel Gemurmel und Geschimpfe hole ich um 13 Uhr Romy aus dem Dachzelt. Sie hat gerade (!) erst mit Spielen angefangen und möchte noch nicht wegfahren. Sorry Mädel, wir müssen jetzt wirklich weiterfahren.

In der Karte des Nationalparks ist vielversprechend eine Rhino und eine Eland Route eingezeichnet. Erst noch für N$ 300 tanken, dann nehmen wir die Rhino Route! Der Pfad ist insgesamt 40 Kilometer lang, sehr schmal und teilweise sehr schlecht befahrbar. Das größte Problem ist, dass die Sträucher, Pflanzen und Bäume daneben fast 2 Meter hoch sind. Wie sollen wir hier „im Tunnel" jemals ein Rhino oder ein Eland (Elch) sehen. Am Anfang der Strecke sehen wir viele Spuren, die Elefanten hinterlassen haben, aber um ehrlich zu sein, ist die Straße hier so schmal, dass ich hier auf gar kein Fall Elefanten sehen will! Und tatsächlich sehen wir 40 Kilometer, lies: eine Stunde lang nichts!

Wir fahren weiter östlich an der Etoshapfanne vorbei. Romy nennt es die Giraffen-Straße, weil wir sicherlich 50 Giraffen neben der Straße gesehen haben. Dann ist es so weit, wir nähern uns dem Lindequist Tor, dem östlichen Ausgang. Plötzlich sehe ich rechts noch einen kurzen Dik-Dik-Trail. Jaaaaa, schreit Romy, sie will ein Dik-Dik sehen. Zuerst fahren wir zum Wasserloch und sehen einige Giraffen und einen Kapgeier. In der Ferne stehen zwei Autos schon eine Weile beim Waldrand, das muss ein „Big-Shot" sein. Auch wir fahren schnell hin und tatsächlich, ein Löwe liegt im Gebüsch neben dem Straßenrand. Wir haben von vielen Tieren gute Fotos machen können, aber manchmal liegen die Tiere einfach so blöd, dass es mit dem besten Willen nicht möglich ist, das Tier ordentlich zu fotografieren. So auch hier bei diesem Herrn mit witziger Punkfrisur. Trotzdem genießen wir den Anblick.

Etwas weiter auf dem Trail stoßen wir auf ein Tier, von dem ich erst glaube, dass es eine Baby-Impala ist. Es ist so klein, so zart, nicht mal 40 Zentimeter hoch und ganz alleine. Ich erkläre Romy noch, dass solche Tiere ohne Mutter oft durch Löwen oder Hyänen gefressen werden. Dann sehen wir noch so ein Tier und etwas später noch welche. Jetzt muss ich erst mal in Romy ihrem Tierbuch nachschauen und tatsächlich, es sind Dik-Diks!!! Ich hatte in Erinnerung, dass die viel größer sind. Wir fahren die Runde fertig und sehen noch weitere Dik-Diks und zwei Löwen.

Beim Ausgang stellt die Dame an der Kassa fest, dass wir für nur 2 x 24 Stunden Eintritt bezahlt haben. Wir hätten heute schon um 11 Uhr aus dem Park sein sollen. Nach diesem erfolgreichen Nachmittag zahle ich den Tagespreis von N$ 90 gerne nach! Als wir die Bilanz ziehen, stelle ich fest, dass Romy 19 verschiedene

Wildtiere in ihrem Buch angekreuzt hat. Kein schlechtes Ergebnis oder???

Direkt nach dem Ausgang befindet sich die Einfahrt zur Onguma Campsite. Die zwei Holländer, die wir in Halali getroffen haben, schlafen auch hier, haben aber ein Luxus-Zelt gebucht. Das finde ich eine gute Idee, außerdem freue ich mich auf ein gutes Restaurant, also frage ich bei der Rezeption nach einem Upgrade. Das Zeltlager ist jedoch so exklusiv, Kinder unter 12 Jahre dürfen nicht hinein: aus Sicherheitsgründen, bezogen auf die hier frei herum laufenden Wildtiere, sagt die Dame hinter der Rezeption. Aber Zelten dürfen wir! Sie gibt mir ein Formular. Ich soll diese Einverständniserklärung unterschreiben, dass wir hier auf eigenes Risiko verbleiben. Patrice, das hier ist Afrika, einfach unterschreiben - du musst nicht alles verstehen!!!

Am Impala Stellplatz baue ich das Dachzelt wieder auf und bereite gleich das Essen zu. Das gute Restaurant ist zu weit weg. Wir haben noch Makkaroni mit Thunfisch und Tomatensauce, sogar Romy schmeckt es gut. Jeder Stellplatz hat eine eigene Waschgelegenheit und ich habe mich dort gleich eingesperrt. Die Türe klemmt und Romy muss mich befreien. Glücklicherweise ist die Campsite ziemlich voll, sodass ich sowieso Hilfe bekommen hätte, aber unangenehm wäre es schon. Die Campsite liegt mitten im Wald, direkt neben Etosha, trotzdem gibt es hier keine Mücken, Fliegen und andere Insekten. In der Nacht wird mir klar, warum nicht: viel zu kalt!

Meteorit

Es sind ungefähr 100 Kilometer auf der B1 bis nach Tsumeb, der ersten Stadt wieder auf dem Weg Richtung Süden. Die Straße ist asphaltiert, es gibt keine Kühe, keine Dörfer und praktisch keine Menschen auf und neben der Straße mehr. Dafür um so mehr Autos, die uns überholen und LKWs, die wir überholen. Wir folgen der Stromleitung, wobei fast auf jedem Pfosten ein Vogelnest klebt, manchmal sogar zwei.

Wir lesen immer wieder Notizen, dass Namibia ein wasserarmes Land ist und wir werden gebeten Wasser zu sparen. Für die 20 Riesenpalmen entlang der Einfahrt von Tsumeb ist anscheinend genügend Wasser verfügbar. Der Bürgermeister wird gedacht haben, der erste Eindruck zählt. Und da hat er Recht, wir füllen uns in Tsumeb gleich wohl, ganz anders als zum Beispiel Orte wie Uis oder Opuwo. Laut Reiseführer müssen wir in Tsumeb in die Main Street. Da gibt es eine Bank und das Etosha Café. Wir parken das Auto bei einem Security Parkplatz. Der Security Guide soll auf das Auto aufpassen, während wir Geld beim ATM abheben und einen Cappuccino mit Apfelstrudel im Etosha Café genießen. Das Café wird von einer deutschen Dame geführt. Vorne gibt es einige Souvenirs, hinten einen Biergarten, wo logischerweise eine deutsche Reisegruppe sitzt. Der Kaffee schmeckt gut und es gibt für Romy wieder Apfelsaft pur. Meistens können wir nur

Apfelschorle, alias Apfelsaft gespritzt kaufen, aber Romy mag die Sprudel nicht. Das deutsche Imperium hat sich, was Apfelsaft anbelangt, auch ziemlich hartnäckig durchgesetzt.

Beim riesengroßen Interspar an der Ortseinfahrt kaufen wir noch schnell Salat und Fleisch für die letzte Campingmahlzeit heute Abend, dann fahren wir weiter. Ungefähr 6 Kilometer vor Grootfontein biegen wir in die D2359 ein. Hier befindet sich der große Hoba-Meteorit, welchen Romy gerne besuchen möchte. Wir zahlen den Eintritt N$ 15 für mich, Romy darf gratis hinein und das Schild mit dem Text „Aufpassen: fallende Meteoriten" zeigt uns, dass wir auf dem richtigen Weg sind. Laut Experten sollte der Brocken 80.000 Jahre vor unserer Zeitrechnung niedergegangen sein. Auf den ersten Blick schaut es wie ein Stein aus, wenn du aber näher heran kommst, siehst du die „glänzenden" Einschlüsse von Eisen und Nickel. Im kleinen Laden werden zahlreiche Souvenirs verkauft. Wir haben noch nicht viel Gelegenheit gehabt Souvenirs zu kaufen und suchen uns vier bemalte runde Früchte vom Monkey Apple Tree aus.

55 Kilometer Richtung Rundu befindet sich die letzte Campsite des Urlaubs: Roy´s Camp. Roy hat die Campsite sehr liebevoll, jedoch robust und „männlich" geschmückt mit Holz, Eisen und Tierschädeln. Die Waschräume sind sehr nett gestaltet und es gibt sogar eine Buschkitchen, das haben wir noch nicht gesehen. Eine Küche mit Gasherd, Kühlschrank und Abwasch. Das Wasser im Schwimmbad ist zum ersten Mal im

Urlaub relativ warm. Leider schwimmen so viele tote Insekten und Fliegen drinnen, dass wir es lieber lassen. Auch hier sind wir wieder die einzigen Gäste, spät am Abend kommt noch eine Männerpartie dazu. Und wenn wir am Campsite Strom haben, kannst du dir bereits vorstellen wie wir den Nachmittag gestalten: Romy oben im Dachzelt mit Playmobil, ich am Tisch mit dem Computer. Urlaub pur!

Roy´s Camp oder Grootfontein ist auch der Ausgangspunkt für einen Besuch bei den Buschmännern. Ich habe mich bewusst dafür entschieden, diese Menschen nicht zu besuchen. Die Himba waren für Romy so erfolgreich und so lernreich, ein Besuch bei einem anderen Volk würde sie nur verwirren. Bei der nächsten Namibia-Reise lassen wir die Himba aus und werden dann die, sicherlich genau so interessanten, Buschmänner besuchen.

Zum letzten Mal machen wir ein Feuer und grillen das Fleisch. Die Sonne geht langsam unter und es wird gleich kalt. So kalt war es am Abend noch nie, obwohl es erst halb 7 ist. Schnell warme Sachen anziehen und dann ein großes Feuer machen. Irgendwie gelingt es uns heute nicht ein großes Feuer zu machen, wir haben wahnsinnig viel Rauch und keine Flammen. Trotzdem sitzen wir eine Weile beim Feuer und ich blättere mit Romy noch mal das Buch mit den Wildtieren durch: 19 verschiedene Arten! Wir sind zufrieden.

Eine Strafe und eine Belohnung

Es ist kalt, bitterkalt, als ich mit einem schmerzenden Rücken und eiskalten Füßen aufwache. Ich habe in der Nacht noch das vierte Fenster des Zeltes zugemacht, das war bis jetzt immer offen. Ich schätze, dass es draußen nicht mal 10 Grad hat, im Zelt ist es vielleicht 2 Grad wärmer. Wir bleiben noch eine Weile lecker warm unter der Decke liegen. Sobald die Sonne etwas höher am Himmel steht, wird es wärmer und spätestens dann klettern wir aus dem warmen Bett. Wie jeden Morgen folgt das gleiche Ritual, zusammen räumen, Zelt einpacken und frühstücken. Heute aber mit einem weinenden Auge, weil es das letzte Mal ist. Ab jetzt schlafen wir nur noch 2 Nächte in Hotels.

Wir fahren die 55 Kilometer zurück nach Grootfontein, da wird erst mal getankt. Es ist eine große Tankstelle mit Imbiss. Romy möchte ein Eis und ich nehme einen Cappuccino mit. Wir fahren weiter Richtung Otjiwarongo und an der linken Seite erhebt sich der Waterberg – 1.885 m. Dies ist eines der bekanntesten Gebiete Namibias, aus der Buschlandschaft. Der Berg ist ein oben abgeflachter Tafelberg, dessen steile Felswände an den meisten Seiten beinahe senkrecht auf das ihn umgebende flache Land abfallen. Gute 200 bis 400 Meter hoch ragen diese Wände aus der Ebene hervor wie eine Burg. Seinen Namen verdankt der Waterberg dem porösen Gestein, aus dem er besteht, das jedes

Regenwasser aufsaugt wie ein Schwamm. Auch wenn der Berg oben, auf seiner flachen Ebene trocken erscheint, gibt das Gestein das ganze Jahr sein gespeichertes Wasser an einige Quellen ab. Grund dafür ist eine undurchlässige Tonschicht. Dadurch ist es an diesen Stellen besonders grün und vegetationsreich. Hier wachsen Korallenbäume, wilde afrikanische Feigen und Feuerlilien. Teilweise erscheint der Wald geradezu tropisch.

In dieser wunderschönen Umgebung gibt es auch viel Wild. Man findet hier beide afrikanischen Nashörner, sowie Gnus, Säbel- und Pferdeantilopen, oder auch Elandantilopen, für die das Schutzgebiet ursprünglich eingerichtet wurde. Wir lassen den Waterberg links liegen und werden uns den Wanderausflug zum Gipfel für unseren nächsten Namibia Besuch aufbewahren. Heute möchten wir uns schnell in der Lodge einquartieren und den Luxus genießen.

Wir merken, dass wir mehr in Richtung Zivilisation kommen, es fahren viele Autos auf der Asphaltstraße und auch LKWs sind hier zahlreich unterwegs. Ein LKW blinkt mich an. Ich nehme meinen Fuß vom Gas und schaue rechts und links von der Straßenseite. Wieso blinkt er, was hat er für „Big-Shot“ gesehen, auf welches Tier will er mich aufmerksam machen? Aaaah, jetzt sehe ich es: ein Bulle. Nein, kein Wildtier: ein Polizist. Ich bin ins Radar gefahren. 112 KMH statt erlaubten 80. Sorry, einen 80-er habe ich hier nicht gesehen. Das kostet N$ 200, Spottbillig! Wenn ich einen Beleg haben will, muss ich nach Grootfontein zurück fahren, das sind jetzt zirka 120 Kilometer, und dort beim Polizeiamt die N$ 200 bezahlen. Ich erkläre dem Polizisten, dass ich nicht zurück fahren will! Dann bekomme ich keinen Beleg. Auch gut. Ich zahle die N$ 200 so und mache noch schnell ein Foto von seinem Beleg, man kann ja nicht wissen.... Inzwischen fährt ein Pick-Up vorbei, wo hinten 8 Männer sitzen und stehen. Anscheinend erlaubt. Ein Pick-up mit einer Abdeckplane, worauf jemand liegt. Auch erlaubt. Ein Auto, wo jemand aus dem Fenster hängt/sitzt. Auch er darf weiterfahren. Patrice, wieder nichts Fragen, this is Africa, einfach deine Strafe zahlen und weiter geht es! Meinen Führerschein hat er übrigens nicht verlangt....

Wir biegen die D2433 ein, jetzt sind es noch 17 Kilometer bis zur Frans Indigo Lodge, eine Oase im afrikanischen Stil. Wir beziehen ein Häuschen, sehr liebevoll eingerichtet, wobei es auf die Details ankommt. Eine Rolle WC-Papier ist zum Beispiel mit einer Schnur eingepackt, in der Schleife stecken zwei kurze Stacheln von einem Stachelschwein, einfach süß!

Die Frans Indigo Lodge ist die Belohnung nach drei wunderschönen Wochen am Campingplatz. Wir genießen hier das herrliche Essen und die große Badewanne. Auf der Farm werden verschiedene Wildtiere gehalten, die wir von einer Aussichtsterrasse bewundern. Wir entdecken Säbelantilopen, Pferdeantilopen und Wasserböcke, die wir vorher noch nicht gesehen haben und Romy kreuzt die Tiere gleich in ihrem Tierbuch an. Die korrigierte Bilanz: 22 verschiedene Arten Wildtiere!

Am Abend genieße ich mit meiner Tochter ein wunderschönes Candlelight Dinner. Romy hat Spaghetti bestellt, ich bekomme das Menü mit Frühlingsrollen, Straußsteak mit Spargeln und ein Dessert. Die absolute Verwöhnung dazu ist ein Glas afrikanischer Weißwein.

Dinosaurierspuren

Es ist 9 Uhr und wir verlassen die herrliche Oase der Frans Indigo Lodge. Ich bin heute mit ziemlichen Bauchschmerzen aufgewacht, das kann nur eines bedeuten: die Regel kündigt sich an. Otjiwarongo ist die erste Stadt, wo wir durchfahren und ich bin auf der Suche nach einem Supermarkt. Auch diese Stadt ist groß, sauber und nett und wir finden einen riesigen Interspar. Schnell noch etwas Geld aus der Mauer holen, dann im Spar die Frauen-Abteilung suchen und Romy braucht Batterien. Wir stehen nach fünf Minuten wieder draußen, dann ist es auch schon zu spät. Romy hat einen McDonalds, oder eigentlich einen Wimpy, entdeckt. Sie will hier unbedingt etwas Essen. Ist gut Mädel, aber ich nehme um diese Uhrzeit einen Kaffee, Okay?!

Auf dem Weg nach Windhuk kommen wir in der Nähe von Kalkfeld bei 200 Millionen Jahre alten Dinosaurierspuren vorbei, die meine kleine Paläontologin unbedingt anschauen will. Die Spuren entstanden, als die Tiere an den Ufern von Seen durch weichen Sand und Schlamm gelaufen sind. Die Ausmaße und die Tiefe der Abdrücke weisen darauf hin, dass die Tiere eine beträchtliche Größe und Gewicht gehabt haben müssen. Da wir wissen, dass das Klima sich stark zum Nachteil der Tiere verändert hat, kann davon ausgegangen werden, dass sie, nachdem sie die Abdrücke hinterlassen haben, kurz darauf ausgestorben sind. In der Regel bedarf es wohl einer kleineren oder größeren Katastrophe, wie der plötzlichen Verschiebung einer Landmasse oder dem Ausbruch eines Vulkans, damit diese sehr vergänglichen Zeugnisse einstiger Fauna mit Sediment zugeschüttet und damit erhalten bleiben können. Darum gibt es ja auch sehr wenige davon. Nach dem das Material versteinerte, ist es irgendwann durch Erosion wieder an den Tag gekommen.

Auf der Farm befinden sich zwei, sich kreuzende Spuren, die insgesamt aus mehr als 30 Abdrücken bestehen. Der längeren Spur können wir für mehr als 28 Meter folgen. Der Abstand zwischen den einzelnen Fußabdrücken beträgt 70 bis 90 Zentimeter. Außerdem gibt es noch eine Spur mit kleineren Abdrücken und einer Schrittlänge von 28 bis 33 Zentimeter. Alle Spuren bestehen aus Abdrücken von einem 3-zehigen Fuß. Ihre Anordnung lässt darauf schließen, dass sie von den Hinterfüßen eines halbwegs aufrecht gehenden Tieres hinterlassen wurden. Bisher wurden keine Knochen von solchen Tieren in dieser Gegend gefunden. Aus Vergleichen mit anderen Fundstellen kann geschlossen werden, dass die großen Spuren von einem Ceratosaurus und die kleinen Spuren von einem Syntarsus stammen.

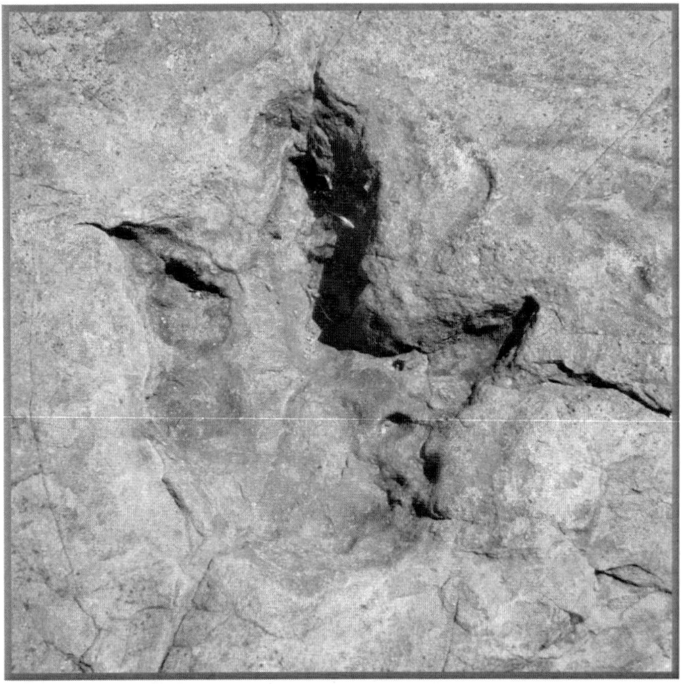

Wir fahren auf den D2404 weiter zur B1, die Hauptstraße nach Windhuk. Obwohl ich fast 2 Wochen über Schotterwege gefahren bin, brauche ich einige Kilometer um mich wieder an diese außergewöhnlichen Umstände zu gewöhnen. Ich genieße noch mal die Stille und die Leere der namibischen Savanne, die, für diese Region prägenden, charakteristischen Tafelberge und die herum streunenden witzigen Warzenschweine. Sobald wir auf der B1 nach Windhuk einbiegen, sind wir wieder in der Zivilisation. Der Kontrast innerhalb von einem Kilometer ist enorm!!!

Etwa 30 Kilometer vor Okahandja leuchtet die Tankuhr auf. Eigentlich habe ich keine Ahnung, wie viel Liter noch im Tank drinnen sind. Es kann sein, dass er wirklich leer ist. Es kann aber auch sein, dass der Haupttank noch von dem Zusatztank gespeist wird. Ich möchte aber nicht das Risiko eingehen und irgendwo zwischen Okahandja und Windhuk ohne Benzin stehen bleiben. Im Moment hoffe ich, dass ich es überhaupt bis Okahandja schaffe. Natürlich schaffe ich es und dort angekommen, tanke ich um N$ 150 und wir setzen uns auf die Terrasse vom Nachbar-Kaffeehaus für einen wohlverdienten Schinken-Käse-Toast, Apfelsaft und Kaffee.

In Windhuk angekommen fahren wir direkt zum Terminal um das Auto zurück zu bringen. Drei Wochen lang hat der Nissan uns verlässlich und mühelos durch Namibia gelotst, hat er Romy oben im Dachzelt einen sicheren Spielplatz geschaffen und war er unser gemütliches Zuhause. Erstaunlich, wie ein eisernes Ross dir nach drei Wochen so ans Herz wachsen kann. Vielleicht deshalb, weil wir keine Reifenpanne hatten!

Fröhlicher Abschied

Direkt nach dem Frühstück, wir übernachteten wieder in der Pension Steiner, bestellen wir ein Taxi. Wir haben gestern bei den Dinospuren erfahren, dass im geologischen Museum in Windhuk eine Ausstellung über den Fundort zu besichtigen ist. Der Taxifahrer fährt jedoch in die falsche Richtung. Er kennt nur ein Museum in Windhuk, ob das das geologische Museum ist, weiß er nicht. Als ich ihm die Adresse gebe, muss er erst bei einem Kollegen nachfragen. Endlich in der richtigen Straße angekommen, sehen wir nur das Gebäude des Ministeriums „of Science and Mines". Wir fragen kurz nach – ja, es ist wirklich hier – und tatsächlich finden wir im Erdgeschoss eine interessante Ausstellung über Dinosaurier und andere Bodenentdeckungen. Wir schauen uns eine Stunde lang die Ausstellung an und finden sogar Dioptas von Marius ausgestellt.

Zurück in der Pension trinke ich noch einen Kaffee, Romy isst ein Brot mit Marmelade, dann ist es Zeit uns von Namibia zu verabschieden. Wir werden für den Transfer zum Flughafen abgeholt und von zu Hause trennen uns „nur" noch 10.000 Kilometer. Es ist aber kein trauriger Abschied. Namibia, das Land der Gegensätze hat wirklich eine faszinierende Mischung aus unberührter Natur, reizender Tierwelt und vieler farbenfroher Menschen. Wir haben die letzten drei Wochen diese Faszination kennen gelernt und sind von der Schönheit dieses afrikanischen Landes überwältigt. Ich habe Namibia in mein Herz geschlossen und bin mir sicher: ich komme wieder hierher zurück – natürlich gemeinsam mit Romy - auf der Jagd nach Elefantenspuren!

Unser Reiseschema

Route	Wegnummer	Km
Windhuk – Rehoboth	B1	107
Rehoboth – Maltahöhe	B1	500
	C2	
	C19	
	C14	
	D824	
	D831	
	D826	
Maltahöhe – Sesriem	D286	161
	C27	
Sesriem – Sossus Vlei – Naukluft	C19	176
Naukluft – Swakopmund	C19	279
	C14	
	B2	
Swakopmund – Cape Cross – Uis	C34	311
	C35	
Uis – Twijfelfontein	C35	226
	D2612	
	C39	

Twijfelfontein - Sesfontein	C39 C43	264
Sesfontein - Opuwo	C43	80
Opuwo - Kamanjab	C41 C35	286
Kamanjab - Etosha Okaukejo	C40 C38	309
Etosha Halali		190
Etosha Namutoni		119
Etosha Namutoni - Grootfontein	C38 B1 C42 B8	264
Grootfontein - Otjiwarongo	C38 B1 D2433	248
Otjiwarongo - Kalkfeld - Windhuk	B1 C33 D2414 B1	364
Insgesamt gefahrene Kilometer		**3760**

TRAVELKID „abenteuerlich einfach“

Fernreisen und Kinder passen wunderbar zusammen. Unter dem Motto *„abenteuerlich einfach“* stellt **TRAVELKID**, ein sehr dynamisches Internet-Unternehmen, Reisen in entfernte und exotische Länder vor – maßgeschneidert für Familien mit Kindern.

TRAVELKID kommt ohne Hochglanzprospekte oder überflüssige Fransen aus, im Internet (www.travelkid.at) ist alles Wissenswerte zu finden. Dabei geht Klasse vor Masse: jede Reise wird gemeinsam mit einem lokalen Reisebüro individuell zusammengestellt. Nicht zuletzt der Kunde profitiert davon, dass diese Agenturen ihr Land und das touristische Angebot wie ihre Westentasche kennen.

Da die **TRAVELKID** Reiseziele außerhalb des europäischen Kulturkreises liegen, kommt die Familie in Kontakt mit anderen Menschen, fremden Kulturen und

Religionen, unbekannten Gebräuchen und ungewohnter Mentalität. Besonders das Reisen mit Kindern bietet den Erwachsenen die Möglichkeit, die Welt einmal mit den Augen der Kinder zu sehen - ein erstaunliches Erlebnis. Und weil diese Rundreisen nur im individuellen Rahmen stattfinden, gibt's statt Bettenburgen kleine, feine, sehr authentische Unterkünfte, meist mit Pool, Strandnähe oder Spielplatz. Auch große Reisebusse haben hier nichts zu suchen, **TRAVELKID** nützt für seine Rundreisen Zug, Boot, Leihwagen, manchmal sogar mit eigenem Chauffeur.

Jetzt heißt es also abstimmen, wohin die Reise geht: nach Florida zu Krokodilen und Mickey Mouse, nach Bali zum Vulkan-Bestaunen und Delphin-Beobachten, nach Thailand zum Elefantenreiten und zur Badeinsel oder nach Jordanien ins Beduinenzelt und zum Toten Meer?

Namibia ist die neueste Destination und **TRAVELKID** liefert ein ergreifendes und abwechslungsreiches Programm, abgestimmt auf „junge und alte" Kinderwünsche.

Wenn du mit deiner Familie auch gerne eine Namibia Reise unternehmen willst, dann schicke einfach ein E-Mail an info@travelkid.at für ein unverbindliches Angebot.

TRAVELKID Reisetipps

T = Transport

Wir haben diese Rundreise mit einem 4x4 Nissan-Fahrzeug durchgeführt. In Afrika sind die japanischen Hersteller erfahren und sehr zuverlässig. Gemeinsam mit anderen Herstellern wie Toyota haben sie sehr viel gemeinsam. Daher sind Ersatzteile und technische Kenntnisse weit verbreitet und meist vorhanden.

Das Nissan 4x4 Off-Road 2.4i Fahrzeug war 1,5 Jahre alt und ausgestattet mit: Klimaanlage, Radio-/Kassettendeck, Servolenkung, Zentralverriegelung, Zwei- und Allrad-möglichkeit und verschließbarer Hinteraufbau. In diesem Hinteraufbau befindet sich der Gas- und Wassertank, Kühlschrank, Tisch und Stühle sowie Besteck und Geschirr. Ein einklappbares Zelt mit Matratze, Decken und Polster bietet die Möglichkeit bequem oben auf dem Dach des Autos zu übernachten. Das Fassungsvermögen des Tankes beträgt in etwa 140 Liter, welches für eine Streckendistanz von etwa 1000 km ausreicht.

Im Allgemeinen wird kein Geländewagen für eine Namibia Reise benötigt, wir würden es jedoch sehr empfehlen. Das Fahrverhalten eines 4x4 ist auf Schotterwege sicherer, in der Sossus Vlei, im Kaokoveld und bei Fahrten durch Dünensand am Strand oder in

Flussbetten geht es nicht ohne 4x4. Auch Farmpfade können recht rau sein.

In Namibia fährt man auf der linken Seite. Die Verkehrsregeln entsprechen den in Europa üblichen. Eine Besonderheit sind allerdings die Four-Way-Stop Kreuzungen. Hier gilt nicht rechts-vor-links, sondern wer zuerst an der Kreuzung war, fährt als Erster, danach kommt der Nächste.

R = Reisedokumente

Reisepass

Die Einreiseformalitäten für Österreichische Staatsbürger sind - bei einem Aufenthalt von bis zu drei Monaten – unkompliziert. Das Visum wird bei der Ankunft ausgestellt. Es wird lediglich erwartet, dass der Reisepass noch mindestens sechs Monate gültig ist. Kinder benötigen einen eigenen Reisepass.

Visum

Ein Visum wird bei der Einreise kostenlos ausgestellt.

Bist du kein österreichischer Staatsbürger, dann setze dich über eventuell abweichende Visabestimmungen mit der namibischen Botschaft in Verbindung.

Impfungen

Wir empfehlen, dich rechtzeitig vor der Abreise mit einem Tropenarzt in Verbindung zu setzen, um dich über entsprechende Gesundheitsvorsorge und die eventuellen Impfungen zu informieren. Unsere Angaben zu Impfungen sind nur als Empfehlungen anzusehen, dafür kann von TRAVELKID verständlicherweise keine Haftung übernommen werden.

Wir haben folgende Impfungen gehabt:

- Diphtherie, Tetanus, Polio
- Hepatitis A, Hepatitis B

Wir haben keine Malaria-Prophylaxe eingenommen.

A = Alter der Kinder

Wir empfehlen dieser Rundreise erst mit Kindern ab 5 oder 6 Jahren zu unternehmen. Du benötigst für geringe Reisedistanzen doch relativ lang und du bist fast täglich unterwegs. Es kann auf Schotterwegen für Kinder etwas unangenehm werden. Eine positive und flexible Einstellung ist daher sehr wichtig. Außerdem soll für die Kinder genügend Freizeit eingeplant werden um sich zu entspannen, die Eindrücke zu verarbeiten oder mal etwas länger zu schlafen.

Bedenke auch, dass das Sehen von Großwild nicht garantiert werden kann. Nimm für jedes Kind ein Fernglas mit, damit es nicht zu Streitereien kommt!

Wir empfehlen für Familien mit Kindern eine Reiseroute mit maximal 1.000 Kilometer pro Woche einzuplanen. Vor Ort kommen da meistens noch 200 – 300 Kilometer dazu.

V = Valuta

Die Währungseinheit von Namibia ist der Namibia Dollar (NAD). 1 Namibia Dollar = 0,078 Euro und 1 Euro = 12,54 Namibia Dollar (Stand 01. April 2009).

Der Umtausch von Euros oder US Dollars in Namibia Dollars ist am Flughafen oder bei den örtlichen Banken problemlos möglich. Reiseschecks in US$ können in Banken eingelöst werden. Darüber hinaus kannst du mit einer EC-Karte und Geheimnummer Geld bei den zahlreichen Geldautomaten wie in z.B. Windhuk, Swakopmund, Opuwo und Otjiwarongo abheben.

Wir empfehlen Bargeld in Euro und/oder US Dollars sowie deine EC-Karte und Kreditkarte mitzunehmen.

E = Elektrizität

Die Stromversorgung in Namibia ist 220 Volt. Du benötigst einen Adapter mit 13 Ampère Pins, die du um ca. N$ 10 in den Supermärkten kaufen kannst.

L = Logis

Bei dieser Rundreise haben wir meistens an Campingplätzen in unserem Zelt oben auf dem Dach des Autos übernachtet. Für Kinder ist das Zelten mit Wildtieren in der Nähe sicherlich eine spannende Erfahrung.

Alle Stellplätze sind mit einem Grillplatz ausgestattet, Wasser und Elektrizität findest du nicht immer direkt am Stellplatz. Die Waschgelegenheiten sind manchmal pro Stellplatz vorhanden, aber meistens in einem Gebäude für die Allgemeinheit.

Hier haben wir gezeltet:

Rehoboth	Lake Oanob Resort
Matahöhe	Duwiwib Farm
Sesriem	Sesriem Campsite

Naukluft	Weltevrede Guest Farm
Uis	White Lady B&B
Twijfelfontein	Camp Xaragu
Sesfontein	Camp Aussicht
Kamanjab	Otjitotongwe Cheeta Farm
Etosha	Okaukuejo, Halali, Onguma Camp
Grootfontein	Roy´s Camp

Alle Unterkünfte im Doppelzimmer sind in Mittelklasse Guest Houses und Lodges gebucht und verfügen über ein Badezimmer mit Dusche und WC.

Hier haben wir übernachtet:

Windhuk	Pension Steiner
Swakopmund	Sea Breeze Guest House
Opuwo	Opuwo Country Lodge
Otjiwarongo	Frans Indigo Lodge

K = Klima & beste Reisezeit

In Namibia sind die Saisonen umgekehrt. Im Juli ist es dort Winter mit Temperaturen zwischen 15 – 20 Grad. Es kann in der Nacht ziemlich abkühlen und wir empfehlen hier einen warmen Schafsack und Decke mitzunehmen. Im Januar ist es Sommer und die Temperaturen steigen tagsüber bis zu 30 Grad, in den Niederungen wie Etosha oder Namib Wüste kann es tagsüber sogar 40 Grad werden. Die Luftfeuchtigkeit ist gering, wodurch es nicht so drückend warm ist.

Die Regenzeit ist während des Namibischen Sommers, wobei es von Oktober bis Dezember die kurzen Regenschauer gibt, von Januar bis April die Langen.

Obwohl das Ende der Trockenzeit die beste Zeit ist um Wildtiere zu beobachten, kannst du Namibia das ganze Jahr durch sehr gut besuchen.

	Jan	Feb	Mär	Apr	Mai	Jun	Jul	Aug	Sep	Okt	Nov	Dez
°C	30	29	27	26	23	20	21	24	27	29	30	30
☂	8	9	8	3	1	0	0	0	0	2	4	6

I = Internationale Zeitverschiebung

In Namibia ist während unserer Winterzeit die gleiche Zeit wie in Österreich und während unserer Sommerzeit ist 1 Stunde Unterschied.

D = Dinner und anderes Essen

Es gibt in den größeren Städten genügend Möglichkeiten frische Esswaren zu kaufen. Der Spar oder Interspar ist zahlreich verbreitet und das Assortiment ist vergleichbar mit unseren Supermärkten. Besonders groß ist das Angebot in Windhuk, Swakopmund und Otjiwarongo. In den ländlichen Regionen - vor allem im Norden - gibt es oft nur wenig Frischprodukte, Gemüse und Obst zu kaufen. Die Preise für Nahrungsmittel liegen etwa bei 70% der österreichischen Preise.

Fleisch ist in Namibia sehr gut, da die Tiere ausschließlich auf Naturweiden gehalten werden und keinerlei künstliche Futterzusätze gegeben werden. Es handelt sich meist um Rindfleisch, Wildfleisch von Kudu, Oryx und Springbock sowie Straußfleisch. Frischen Fisch, Hummer und Muscheln gibt es vor allem in Swakopmund und Walvis Bay.

Bei Kindern besonders beliebt ist der Kentucky Fried Chicken oder Wimpy, vergleichbar mit einem McDonalds. Die Küche der sonstigen Restaurants ist sehr gut: bürgerlich und deutsch – holländisch orientiert.

Das Wasser kann in den meisten Fällen direkt aus dem Wasserhahn getrunken werden.

Wichtige Adressen

Botschaft der Republik Namibia
Strozzigasse 10-14
1080 Wien - Österreich
Tel. +43 - 1 – 4029 371

Konsulat der Republik Österreich
Teinert Street 2
Windhuk - Namibia
Tel. +264 - 61 – 3756 52

Namibia Tourism
Schillerstraße 42-44
60313 Frankfurt am Main, Deutschland
Tel. +49 – 69 – 1337 360
www.namibia-tourism.com

TRAVELKID
Das komplette Reisebüro für ihre Namibia Reise – von der Zusammenstellung der Reise über Unterkunftsreservierung bis hin zu Flugbuchungen, Bestellung des Namibia Reise-Know-How Reiseführers oder des Travelkid Reisebuches für Kinder, das Abschließen einer Storno- und Reiseversicherung bei der Europäischen und last-but-not-least das Besuchen oder Buchen einer informativen Diavorführung.

Seeuferstraße 6b - 5700 Zell am See - Österreich
www.travelkid.at | info@travelkid.at

Ich, die Autorin

Vier Jahre alt war ich, als ich mit meinen Eltern in einem vollbepackten Fiat 127 nach Spanien auf Urlaub fuhr. Seither weiß ich, dass es mehr gibt als nur Amersfoort, eine Stadt in Holland, wo ich 1968 geboren wurde. Nach meinem Praktikum in einem Reisebüro habe ich es dann wirklich gewusst: das will ich – REISEN - und habe gleich meinem Beruf daraus gemacht: travel consultant group- & incentive travel. Sieben Jahre war ich über den ganzen Globus unterwegs, bis ich 1997 meinen Mann Wolfgang in Österreich kennen gelernt habe und voll verliebt hingezogen bin. Nach einigen Jahren „zu Hause", habe ich mich nach der Geburt unserer traumhaften Tochter Romy neu mit dem Reisefieber infiziert.

Für das Reisen mit Kindern benötigst du eine andere Denkweise, sind Einstellungen und Ziele anzupassen und dazu gibt es wenige Informationen und leider viel Unverständnis! Das hat mich dazu bewogen meine Erfahrungen umzusetzen und mit meiner Reisebüro Konzession das Reisebüro TRAVELKID zu starten, Reisebücher für Kinder zu schreiben, informative Reiseberichte in Buchform auszugeben und Dia-Vorstellungen abzuhalten. Und immer mit dem Hintergedanken *„Die beste Bildung findet ein gescheiter Mensch auf Reisen!!"*

TRAVELKID Kritzelei

„Mama hat Urlaub"

Romy, hast du dich schon eingecremt? Ja, das muss sein. Wieso muss ICH immer daran denken? Ja ich weiß, dass ich mich fast nicht eincreme, aber für Kinder ist die Sonne gefährlicher. Ja-haa, Mütter finden alles gefährlich. Das steht so in unserem Kollektivvertrag.

Hast du schon was gegessen? Pfannkuchen sind kein Frühstück. Musst du noch aufs Klo? Wir müssen lange mit dem Auto fahren, weißt du. Nein, wir nehmen keine 4 Handtücher mit. Das passt nicht in den Rücksack. Kannst du die Anti-Mücken-Lotion einpacken? Komm wir gehen. Nein Liebes, dein Kuscheltier geht heute nicht mit. Okay, dann hol es wieder, aber wenn wir "Hundy" verlieren, brauchst du dich nicht bei mir ausheulen. Ja, anschnallen auch im Urlaub. Und nein, die Klimaanlage schalten wir nicht ein. Ich möchte nicht, dass wir uns verkühlen. Nein, es ist nicht mehr weit. Vergiss nicht alles aus dem Auto mitzunehmen.

Nein, du musst hinten sitzen. Es gibt hier keine Kinderfahrräder. Hast du Hundy mitgenommen? Wieso schaust du mich an? Bin ich vielleicht Chef "Einpacken"? Komm, steig jetzt auf das Rad. Helm aufsetzen. Hast du jetzt doch Hundy im Auto liegen lassen? Mama wird ihn wohl schnell holen. Ach Romy, wir haben gerade erst mit der Tour angefangen, sollten wir nicht noch etwas warten mit Pommes mit Hühnchen? Musst du jetzt schon aufs Klo? Kannst du alleine gehen? Ach, lasse es, ich gehe schon mit. Oh mein Gott, was ist das für eine große Mückenbeule? Hast du die Anti-Mücken-Lotion noch eingepackt? Nein? Das ist Schade. Hundy? Nein, den habe ich nicht gesehen. Oh-jee, er ist im Gebüsch liegen geblieben. Mama wird ihn wohl holen. Au, die Äste sind scharf. Aha, deswegen muss ich ihn holen. So, weiter geht's.

Vielleicht können wir jetzt was essen und ich schlage vor, dass du was anderes isst wie Pommes. Nein Schatzi, Mama hat keinen Fisch für dich bestellt, das ist „Wasserhuhn". So fertig, wir fahren zurück zum Hotel. Aufpassen, es ist rutschig hier. Oh-jee, das war ein harter Sturz, wo sind die Pflaster? Was meinst du, das sind Bubenpflaster? Ich habe nur diese mit. Die mit Cinderella liegen im Hotelzimmer. Nein, wir nehmen kein Eis. Auch kein Erdbeereis. Romy, Chips aus der Minibar kosten Euro 5,00. Ich habe noch eine Banane für dich. Nein, die ist nicht weich geworden.

Bitte schalte jetzt den Fernseher aus. Die Sonne scheint, wir gehen raus. Nein, von Papa darfst du auch nicht den ganzen Tag fernsehen. Jaa-haa ich weiß, dass du im Urlaub machen darfst, was dir Spaß macht. Ich kann mich noch ganz gut erinnern..... von früher.

Die besten Kritzeleien werden ab Winter 2010 im Buch „Weltkunde" veröffentlicht.

Dankwort

"Wer zusammen eine Reise machen kann, kann auch zusammen leben."

Liebe Romy, vielen Dank, dass du mich auch dieses Mal wieder enthusiastisch und lebhaft begleitet hast. Ich bewundere deine Flexibilität, deine Aufgeschlossenheit und deine täglich neu motivierte Wissbegierde. Dank je wel voor je gezelligheid en je blinde vertrouwen, ik hou van je!

Lieber Wolfgang, vielen Dank für deine flexible Einstellung und die respektierte Freiheit, dass ich mit unserer wunderbaren Tochter die Welt erkunden kann. Dafür bin ich dir sehr dankbar. Ich liebe dich über alles!

Liebe Sonja, vielen Dank für deine Unterstützung beim Verdeutschen meiner Gedanken. I mog di!

Und, wie immer, ein kleines Dankeschön an Cinderella für ihre magischen Wörter: *„Let your dreams come true"*.